目次 * Contents

私は一切智者

第一章　ブッダ——大人になる道

仏教はカッコいいのだ

私が生まれた国は、スリランカというインド亜大陸《あたいりく》の南方に位置する小さな島国で、国民の大多数は仏教徒です。

みなさんの住む日本は、大乗仏教文化の国だと習ったことがあると思いますが、同じ仏教と言っても、スリランカは大乗仏教の国ではありません。テーラワーダ仏教（上座仏教・南伝仏教）という仏教です。

テーラワーダ仏教とは、ひとことで言えば、歴史上実在したブッダ（お釈迦様《しゃかさま》）が説かれた教えを信仰《しんこう》する仏教です。テーラワーダ仏教徒たちがよく胸を張って言うことは、「自分たちはお釈迦様の教えを忠実《ちゅうじつ》に守ろうと努力しているのだ」ということです。

歴史と社会の流れのなかで、ブッダの教えが忠実に守られているということは、果たして本当だろうかと思うことがあります。事実、国によって、時代によって、人間の生き方は変わっていくので、仏教にもその影響《えいきょう》が必ず反映しています。

スリランカ、タイ、ミャンマー、ラオス、カンボジアといった国々は、テーラワーダ仏教の国です。それぞれの国には当然、様々な違《ちが》いがあります。そうは言っても、それはほとんど宗教的な儀式《ぎしき》やお祭りに関する違いです。それらの国の人々は、儀式儀礼が文化的に変わっても、ブッダの教えまで変えようとはしません。ですから、ブッダの教えについて学ぶなら、テーラワーダ仏教を学ばなくてはならないのです。

ブッダの言葉は、意味深くとても素晴《すば》らしいものです。論理的で子どもにでも理解しやすい教えですから、学んでみると誰《だれ》でも惹《ひ》かれてしまうはずです。元気で明るく活発に生きるためのアドバイスがたっぷり入っているからです。そういうわけで、テーラワーダ仏教国では、いまでもブッダその人の言葉と教えが、人々の生活に深くしみ込《こ》んでいます。

日本のみなさんと違って、テーラワーダ仏教の国々では、自分が仏教徒であるということをよく自慢《じまん》します。人々は、自分は信頼《しんらい》できる正直な人間だ、人を騙《だま》したり悪いこ

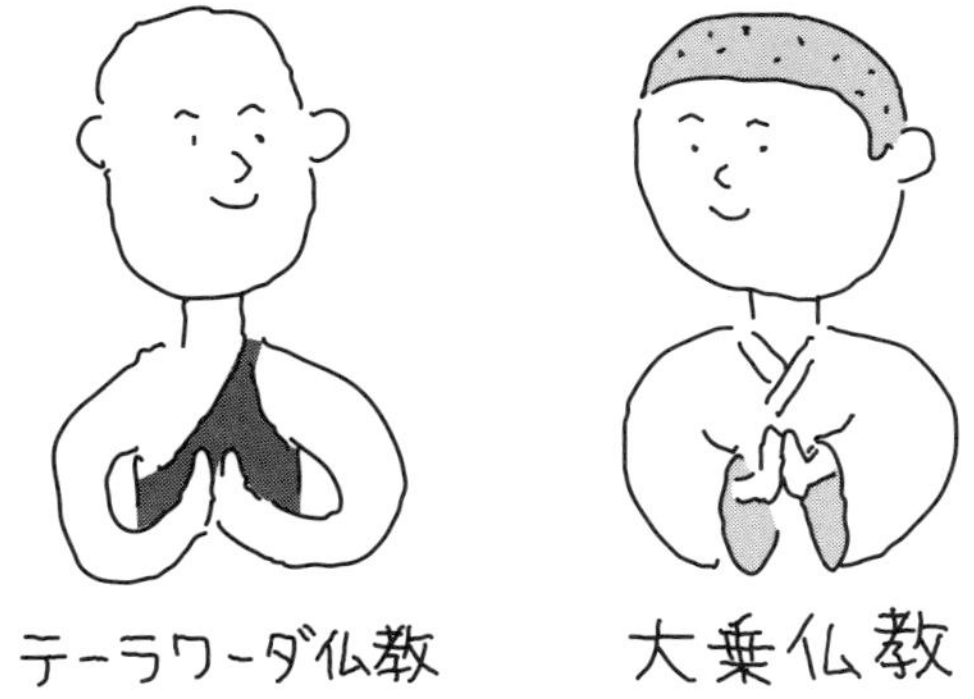

とをしたりしない人間だ、ということを示したいばかりに、「自分は仏教徒だ」と言うのです。

人が言うことをそのまま信じるというのはけっこう無理がありますが、「仏教徒だ」という言葉には大事な意味があります。ブッダの教えを実践《じっせん》する人が、正直で信頼でき、明るく活発な人間に成長することは確かです。ブッダに学ぶと必ず幸福になる。それはなんの躊躇《ちゅうちょ》もなく保証することができます。

これからブッダについてお話ししますが、どうか自信を持って理解してみてください。とてもクールな教えですよ。

仏教は人が自由になる手助けをする

テーラワーダ仏教の世界では、小さい時から、

「人々の役に立つように生きることは大切なことだ」と教えられて育ちます。みなさんは「人様の迷惑《めいわく》にならないように」とお母さんに言われると、嫌《いや》な気分になりますね。それは自分のことばかり考えるわがままな心があるからです。わがままな心で生きると、仲間があなたから離《はな》れていって悩《なや》むことになります。テーラワーダ仏教徒のお母さんが、「生きることは辛《つら》いことです。人々の役に立つように」と言う時、それは「わがままはダメですよ。他人の役に立つ人生は充実感《じゅうじつかん》があってとても楽しいですよ」という意味なのです。

私たちは、生きるうえで特別な使命感などは感じていません。ただ自然に生きているだけです。でも、仏教の影響を受けて自然な生き方をすれば、それが人の役に立つのです。素直に自然に生きることで、自分も楽しく、また人の役にも立っているならば、それは自慢できる生き方でしょう。仏教はこのような生き方を身につける方法なのです。

ブッダの教えを理解すると、人々の苦しみ、悩み、疑問などを解いてあげられます。誰かが困っていたら、手を差《さ》し伸《の》べて協力してあげられます。あらゆる面で私たちが遭《そう》遇《ぐう》する、様々な問題を解決することができるのです。仏教を学ぶということは、そのような生き方を習うことです。

こんなエピソードがあります。あるお坊《ぼう》さんが、たくさんの人々に仏教を教えたり瞑《めい》想《そう》の指導をしたりしていました。話を聞いていた生徒たちは、お坊さんが弟子の指導に一所懸命《いっしょけんめい》苦労している様子に感心しました。その時、そのお坊さんは、「I help you to help yourself」（私はあなた方が自分で自分を助けられるように手助けしているのです）と言ったのです。つまり仏教とは、人が「自分のことを自分にできる」ようにしてあげて、独立する、自立する、自由になる手助けをする教えである、ということを説いたのです。

ですから、私のような仏教の僧侶《そうりょ》たちの仕事は、「人々が自由になるために協力してあげる」ことです。

どんな宗教でも、困っている人に協力してあげようとしますが、その「協力の仕方」が仏教と他の宗教とはずいぶん違っています。私の偏見《へんけん》かもしれませんが、他の宗教では、人間を完全に依存《いそん》させてしまうような気がします。

仏教は人を依存させるのではなく、自由にし、独立させます。これは決して楽な仕事ではありません。人間というのは親に依存し、友達《ともだち》に依存し、会社に依存し、社会に依存し、酒やタバコに依存し、ゲームや娯楽《ごらく》に依存し、そして神様仏様に依存する。とにかく犬猫《ねこ》であってもいいからと、依存したがる。本人たちは気付いていないけれど、これはみじめな生き方です。「独立する」ということの意味さえも理解していないのです。強い精神を持って、安定した心で明るく生きられる能力がなければ、独立にはなりません。

ですから、仏教は人を何かに依存させるのではなく、その人その人の性格に合わせてアドバイスをしてあげます。そういうアプローチによって、「ひとりひとりが独立して自由になる」という生き方が実現できるのです。

親切のつもりの大きなお世話

これはいろいろな宗教や哲学《てつがく》を見渡《みわた》しても、まず仏教にしか見出《みいだ》せない特色です。みなさんは、学校でキリスト教や西洋哲学についても勉強していると思いますので、ちょっと比較《ひかく》してみて下さい。

例えば、キリスト教や他の宗教では「神様がすべての人間（生命）を創造した」と言いますが、世の中のほとんどの人は、「本当はどうなのかなあ？」と疑っています。しかし、一部の人たちは「それが真実だ」と熱心に信仰しています。その人たちは、神を信じない私たちに対して、「神を否定するあなた方は、地獄《じごく》に堕《お》ちるのではないか」と妄想《もうそう》してしまいます。無信仰の私たちのことを親切に心配して、親切心から「神を信仰しなさい」と迫《せま》ったりするのです。

もしその圧力に負けたら、強制的に神を信じなくてはなりません。その時点で、人間の自由は失われています。神を信仰するということは、神に束縛《そくばく》されることです。神が人間を創造したのならば、人間をどうしようと神の勝手だからです。しかし、その神はどこにいるのか誰にも分からず、「神の名のもとに人間が自分の好みで語る言葉」に束縛されることになります。これでは神を信仰しているのか、人間の言葉を信仰しているのか、よく分かりません。

神を信仰する人たちは、私たちに対して親切な気持ちを持っているかもしれませんが、信仰に導くやり方がすごく強引になっています。キリスト教や他の宗教の世界では、血なまぐさい宗教戦争が起きたり、宗教の名のもとに人を殺したりもします。世界で起きている戦争、争い、テロ行為《こうい》などに信仰が絡《から》んでいることは確かです。宗教戦争などでは、戦争に挑《いど》む人々の気持ちは親切なつもりであっても、殺される側から見ればとんでもない大きな迷惑です。

このような問題は、ブッダの教えではまったく起きません。ブッダは、「誰かが誰かを創造するということは、ありえない」とおっしゃいます。絶対的な神が世界を創造したという話は、因果法則をまったく理解しない人々のいい加減な考え方だとして、明確に否定するのです。

人には「自由」がある

人に協力する際に見られる仏教独自のアプローチを、別の側面から説明してみましょう。

「人の役に立つように生きる」ということは、簡単なことではありません。なぜなら、相手にも自由があるからです。この単純な事実を忘れているがゆえに、世の中は大混乱に陥《おちい》っていると言っても過言ではありません。いくらこちらが、「あなたの役に立つじ

あなたを創ったのは
私だ
本当?.
うそでしょ
信じないと
罰がくだるぞ
えー
地獄に落ちろ
分かりました
信じます・・・
それじゃ
この人を殺して来なさい
なにそれ?.

ゃないか」と思っていても、相手が「えらい迷惑だ」「放っておいてくれ」と反発することもあります。相手の立場からは、迷惑で人権侵害《しんがい》だとさえ思われることもあるのです。

人にはそれぞれ自由がありますから、「人の役に立つ」のは難しいことです。このような生きることへの深い理解がなければ、「人の役に立つ」ことは実行できません。

例えば親は子どもに向かって、「あなたのためを思って言っているんじゃないか！」と時々怒《おこ》ったりします。しかし、言われている子どもは素直に反省するどころか、「うるさくてウザイなあ。こっちは別なことがやりたいのになあ」と思ってしまう。素直に聞けば「役に立つ」はずのアドバイスでも、自分のプライドや自由が抑《おさ》えられると、人はそれを受け入れたくなくなるものです。だから、心が一番通い合っているはずの親子の間でさえ、「人の役に立つ」ことは難しいのです。

このように、人は自分の自由を抑えられることを嫌がります。相手にも自由があるという事実を頭に叩《たた》き込《こ》んでおかないと、「人の役に立つ」生き方は成り立ちません。

仏教の世界では、どんな時でも相手の自由を守り、相手と自分は完全に平等だと認めます。その上で、「どうすれば「相手の役に立つこと」を教えてあげられるか」と挑戦《ちょうせん》するのです。

「教育」されないと生きられない

しかし、そこでまた新しい問題が見えてきます。人間にはそれぞれ「自由がある」のですが、困ったことに、私たち人間は教えてもらわなければ何一つわからない生き物なのです。

例えば、私たちは毎日お箸《はし》でごはんを食べています。誰でも、お箸の使い方を親に教えてもらったはずです。教えてもらわなければ、一生わかりません。つまり人間は、何もかも教えてもらわないとうまくできないのです。

「教わらなければ生きられない」ということは、「人間という生命の特色」と言えます。人間が何も勉強しないで（教わらないで）生まれたままならば、猿《さる》と何ら変わりはありません。いいえ、それでは猿に失礼です。猿に限らず、動物は別に教えてもらわなくても、大人になったらきちんと子どもを産んで、面倒《めんどう》を見てあげて、年を取って死にます。

動物たちは、母親として立派に、何の問題もなく子どもを育てるのです。その様子は本当に見事です。失敗ばかりの人間のお母さん、お父さんたちとはずいぶん違います。

このように、人間の世界には「教わらなければ生きられない」という特色がありますが、そういう特色を持ちながらも、教えられることが一概《いちがい》に「正しい」とは限りません。犯罪《はんざい》を行ったり様々な悪事を働いている人々も、誰かに教えてもらってそれをやっているのです。麻薬《まやく》にふけることであれ、罪《つみ》を犯《おか》すことであれ、すべて誰かから教えてもらってやっていることです。

ですから、人間は教わらなくては生きていけないのと同時に、「教わる内容に気を付けなくてはいけない」生き物でもあるのです。

人間は誰《だれ》でも不完全

では、その問題をどう解決すればいいのでしょうか。

私たちは、教えてくれる人が一体どういう人なのか、最初はわかりません。だから、知らないうちに悪い人に導かれてしまうこともありえます。

ですが、この問題を解決するために大切なポイントが一つあります。それは、人間はみな不完全な存在だということです。それを理解しておけば、人の教えを鵜呑《うの》みにすることなく、注意深く理解することができます。

「人間には短所も長所もある。自分にも他人にも、人間全員に短所と長所がある」

それを認めることで、自分がとても落ち着いた人間になります。

例えば、他人が自分に対してすごく嫌なこと、悪いことをすると普通は怒ります。ここで、「まあでも、人間というのは不完全だから」と思ってしまえば、「まあ、いいや」というように、あまりカンカンに怒らなくても済《す》みます。腹を立てて嫌な気持ちになるのではなく、自分もがんばって得るべきところは得て、そうでないところは放っておく、という生き方になれば、結構うまくいくはずです。

このように考えると、例えば、親の言うこともまずは聞くべきですが、やたらに鵜呑みにするものでもないということがわかります。なぜなら親だって、人間だからです。子どもを愛することにかけて、親ほど真剣《しんけん》になってくれる存在はありませんが、だからといって、親がものごとを全部知っているわけではありません。みなさんが大人になりかけてくると、反抗期《はんこうき》になって親とケンカするようになるのは、そのポイントが分かっていないからです。親は一所懸命なのです。一所懸命だけれど、親だって人間ですから全《すべ》てを知っているわけではないのです。

事実、「親でも知らないことはたくさんある」ということを子どもが理解できると、親子関係はうまくいきます。親にしても、そこを理解してもらえればありがたいのです。「自分は全部知っているわけではないし、子供たちは新しい時代に新しい知識を得て成長しているのだから、親が知らないこともけっこう知っているはず」というように、お互《たが》いに認め合えば、親子間の問題はずいぶん解決するはずです。

不完全がいいわけではない

「人間は、みんなまとめて不完全」という、大切なポイントが出てきました。

しかし、「不完全」であることがよいかと言えば、それは違います。不完全だからたくさん失敗をするのです。世界がハチャメチャになっているのは、人間が不完全だからです。いまだにずっと戦争をしている。欲《よく》や怒《いか》りや見解の相違《そうい》で人を殺している。民族や宗教の違いで憎《にく》しみ合《あ》っている。相変わらず自然破壊《はかい》をしている……。「科学は発展している」とか、「経済は高度成長している」とか、「昔の人間に比べると、私たちはすごいことができる」とか偉《えら》そうなことを言って自画自賛していても、現実の世界は最悪な状況《じょうきょう》です。

人間は本質的に戦うことが好きで、殺し合うことも好きなのです。それは人間が不完全だからです。不完全であることは事実ですが、それが「よい」わけではないのです。

欠点をなくすことで「大人」になる

私たちが「勉強をして大人になる」というのは、「不完全なところをひとつひとつ見出して、なくしていくこと」です。それが人間の正しい生き方なのです。自分の短所、欠点、至《いた》らないところを発見しながら直していく。そうすると、「誰の協力を受けた方がよいか」がわかってきます。

例えば、みなさんは「あまり勉強をしたくない」「勉強は嫌だ」と思うことがあるでしょう。自分で「こんなにゲームばかりやっていたら、バカになる」「こんなことでは試験に合格するわけがない」と知ってはいるのに、やる気が出てこない。

これは自分の欠点なのです。だから、「本当は勉強しないといけない。ゲームばかりやっていてはいけない。でも、どうしようもない……」という気持ちでいると、ゲームをやっていても気分が悪いはずです。頭が働かないし、嫌な気分にもなります。それも人間のひとつの弱みです。

こうして、「私にはこういう弱みがある」と自分の欠点・弱みを発見したら、「では、どうすればいいか」と自分で考えることです。例えば周りにしっかりした友達がいるなら、「一緒《いっしょ》に勉強しようよ」と誘《さそ》って一緒に勉強すれば、やる気は出てくるはずです。

そうやって人と仲良くして協力し合うことも、自分を成長させるひとつの手段です。そういう小さな工夫《くふう》をしながら、自分の欠点を直していくのです。自分の欠点を見出して、「人と協力し合って自分のやる気を出してみる」というように、なんとか弱点をなくしていくことも生きる道です。

そのように「大人になる道」を歩めば、年を取れば取るほど立派な人間になります。でも、結局多くの人はそれをやらないために、いくら年を取っても、だらしないままの

人がたくさんいるのです。

年齢《ねんれい》にかかわらず努力しなければ

仏教の世界には、「目上の人を敬《うやま》いなさい」というブッダの言葉があります。正しく生きている人なら、年を取れば取るほど立派だからです。未熟者《みじゅくもの》の私たちは、その立派な人に教えてもらうしかありません。

しかしブッダは、「髪《かみ》の毛《け》が白くなったからといって、目上の人だと思ってはいけない。それはただの老人です。道徳的に人格を磨《みが》いていないならば、目上ではない」と注意しています。ですから、年下であろうとも自分よりも人格者であるならば、その人から教えてもらう必要があるのです。

日本の現代社会では、企業をリストラになるのは、結構いい年になった四十五歳《さい》とか五十歳といった年齢の人々ですが、その年で新たな仕事を見つけるのは難しいことです。しかし、子どもたちが大学に通っているとか、いろいろお金が必要なので、リストラされた後はどこかにアルバイトとかパートとかに行く。

そこで働いているのは、店長をはじめみんな自分より若い人です。若い人に、何か「こうして下さい」と言われると腹が立ってくる。それでうまくいかなくなってしまったりするのですが、それでは失敗なのです。そこで、「自分は五十歳だけれども、今は三十歳の人の下で働いている。この人はこの仕事の内容を知っている。私はアルバイトで入ったのだから、アドバイスを受けてやった方がうまくいく」と理解してみる。そう思えるようになると、仲良く仕事ができるのです。

しかし、日本の社会では「年を取っている方が何だか偉い」というふうな固定概念《がいねん》があるから、若者が社長になると会社がうまくいかなくなってしまうことがあります。トラブルが起こる原因は、「年齢と共にきちんと勉強していない、人格を向上させていない、短所をなくそうと努力しない」人たちがいるからです。年齢にかかわらず努力をする生き方が、仏教の正しい生き方なのです。

「何が正しいのか」といきなり判断するのは難しいですが、自分の短所ぐらいは知っておいた方がいいと思います。それも人に言われる前に自分で発見すると、自分の人権は守られます。他人に「あなたは怠《なま》け者《もの》ですね」と言われると、自分の人権、人間としてのプライドが傷付きます。そうすると、言った相手に逆襲《ぎゃくしゅう》したくなるのです。

人間にはそれぞれ自由がある、と説明しました。言葉を換えれば、生命はみなプライドを持っているということです。だから世の中では、やたらに人にアドバイスをしても、逆にされてもうまくいかないのです。なぜなら、「これが間違っている。こう直しなさい」と他人に言われると、腹が立ってくるからです。

私たち一人ひとりが真っ先に、自分のいけないところ、弱いところによく気付いていれば、自分のプライドは傷付かず、人からのアドバイスもよく聞けるようになって、スムーズに成長できるはずです。そうすると、誰とでも仲良くすることができます。それが一つのポイントです。

「生きる」とは「行動すること」

もう一つ大事なポイントがあります。それは、「生きる」とは「行動すること」ということです。

決して、たいしたことではありません。先程もお話ししたように、仏教では厳密に論理的にものごとを観《み》ています。「生きるとはどういうことか」と言うと、「三つのことをしている」のです。

ブッダの言葉に「人間の行為《こうい》というのは三つです」とあります。もっとも大きな行為は、「考える（意《い》）」です。次に「喋《しゃべ》る（口《く》・語《ご》）」です。そしてもう一つは、「身体でいろいろなことをする（身《しん》）」です。確かにその三つに、私たちの行為のすべてが入り、それ以外はありません。

ブッダの教えには「漏《も》らさずに話す」という特徴《とくちょう》があります。ですから、子どもにも大人にもその話はわかりやすく、難しくありません。行為について話す場合は、「行為は三つです」というように、シンプルに漏らさず話すのです。

わが子に語るブッダの道徳論

　ブッダは出家する前に結婚《けっこん》していて、息子《むすこ》が一人いました。その息子も、まだ幼い時分に出家しています。ブッダは我《わ》が子《こ》を特別扱《あつか》いしませんでしたが、父親の任務を果たすために、こっそり隠《かく》れて息子に会っていました。

　ある日、ブッダは自分の息子に「どう生きるべきか」を教えました。

「ラーフラ（息子の名前です）、あなたは身体で何かをしようと思った時は、「この行為は、私のためになるのか、まわりの人のためになるのか、すべての生命のためになるのか」と考えてください。それが、「私のためにならない、まわりの人のためにならない、みんなのためにならない」と解《わか》ったら、それは悪行為ですからやめてください。また、やりたいと思うことを観察して、「これは私のためにもなる、まわりの人々のためにもなる、みんなのためにもなる」と思うなら、行ってもよいのではないかと考え、そして、行います。しかしラーフラ、その行為をしている途中《とちゅう》も「本当に役に立つのか」と、考えてください。やっている途中も「これは役に立つ」と理解してやってください。それで、ラーフラ、あなたは「これは役に立つ」と思ってやりました。しかし、ラーフラ、やり終えてからも「私のやったことが、私のためになったのか、まわりのみんなのためになったのか、すべての生命のためになったのか」と、また考えてください」と。

仏教でいう「智慧《ちえ》」とはこのように育てるものなのです。

例えば、何かをしたくなったとします。まだ何もしていないうちは、それが「ためになるかどうか」は、はっきりとはわかりません。その時点では推測であって、「ためになる」と答えが出たとしても、まだはっきりしてはいないのです。そこで、やってみる。

やってみると、推測よりもしっかり「これは役に立つか、立たないか」と解ります。さらに、役に立つと思ったことについて、やり終わってからも考えてみる。もう終わった出来事だから、「あれは失敗だった」「うまくいった」と、どちらかはっきり解るのです。「もし、「失敗だった」と解ったならば、「二度とそういうことをしないように」と、自分を戒《いまし》めてください」とブッダは続けておっしゃっています。

これが身体で何かをする時に大切なことです。「喋る時も、同じですよ」と、ブッダはおっしゃっています。何か喋りたくなった途端《とたん》ペラペラと喋るのではなく、「こんなことを言っていいのか」と、ちょっと考える。それで、「言ってもいい」と解ったとしても、言っている間もチェックを入れなくてはいけません。そして、言い終わってから、「言ってはまずかった。言わない方がよかったな」と思ったら、すぐに「二度とこういうことはやらない」と自分を戒める。

ブッダはまた、「考えるときも、同じですよ」とおっしゃいます。私たちは考えることは自由だと思っています。確かに考えることは自由です。しかし、自分のためにならない、他人のためにならない、すべての生命のためにならないことを考えると、極《きわ》めて危険《きけん》です。ふざけた気持ちで人殺しや強盗《ごうとう》などの犯罪を考えていると、つい自分を見失って、その罪を犯《おか》してしまうものなのです。

私たちは言葉を喋る前に考えて、考えたことを喋る。何かをする前に考えて、考えたことをする。つまり、人の考えがすべての元締《もとじ》めなのです。あることないこと、何でも自由に考えられるということは、極めて危険な能力であると理解しておかなくては幸せな人間にはなれません。

ですから、何でもかんでも好き勝手に妄想《もうそう》するのではなく、何か考える時でも、その考えが「自分の役に立つか、周りの役に立つか、すべての生命の役に立つのか」と、注意を払わなくてはいけないのです。

それこそが、完璧《かんぺき》な「道徳」の教えです。

道徳チェックの三ステップ

道徳をチェックするためのステップは三つあります。

一番目に、「私の役に立つ」こと。これはとても大事です。

二番目に、「自分に関係のある人々の役に立つ」こと。

三番目に、「世界に、人類に、生命たちに、一般的《いっぱんてき》に役に立つ」こと。

この三つです。

例えば、若い人が「音楽を大音量で聴《き》きたい」という気持ちで聴く。それは自分のためになります。自分は楽しいですからその点ではOKですが、次に「親はどう思うのか」「隣《となり》の家の人はどう思うのか」と考えてみてください。すると、周りの家には病気の人がいるかもしれないし、お父さんが集中して大事な仕事をしているかもしれない。そう考えると、ボリュームをあげて音楽を聴きたいのは自分だけの幸せということで、周りには迷惑ということになります。そこで、「やっぱりやめようかな。ヘッドフォンを使おうかな」となるのです。

次に三番目の「みんなの役に立つのか」を考えてみましょう。

例えば、アメリカは長い間原子爆弾《ばくだん》の研究をして、今も核《かく》実験を続けています。自国の軍事力を強化するためには、それがいいことかもしれませんが、世界人類に対しては決していいことではないのです。

また、「経済発展」と言いながら、水を汚《よご》したり、空気を汚したり、森を破壊《はかい》したりして、儲《もう》けるための製品を作る。ビニール製品、プラスティック製品は安価に大量生産できます（この頃《ごろ》は原材料の石油が高いですが）。製品メーカーの人々は「これで儲《もう》かる」けれど、結果として地球全体の破壊になり、生命は危機にさらされる。仏教から観れば、そういうことは、悪行為だからやめた方がいいのです。

ですから、必ず三ステップでものを考えてください。基準は「みんなが幸せに生きていきたい」ということ。それには疑問が出ないはずです。「何とか苦しみたい」と願う人はいません。動物さえも幸せになりたがっています。

「君は幸せに生きていきたいでしょう？　だったら幸せに生きなさい。しかし、君だけではありません。隣《となり》にいる人も、幸せに生きていきたい。君が飼《か》っているこの猫も、幸せに生きていきたい。あの樹《き》の上にとまる鳥も、幸せに生きていきたい。幸せに生きる権利はみんなにあります。他人の権利を奪《うば》うことは最悪の罪です。権利を奪うと、因果法則で必ず結果が来るのです」というのがブッダの答えです。

「生命の幸福」が道徳基準

ブッダは「生命の幸福」という立場から、道徳を設定しています。すべての生命は幸福になりたいのです。「そうではない、それは違う」と言える人間は、いまだに現れていません。

だから、私たちは一所懸命ブッダの教えを教えています。聞いて理解した人は、必ず幸福になります。ブッダの教えは事実であり、真理なのです。どんな哲学者にも誰にも、「ブッダの教えは間違っている」と言うことはできません。

仏教はいつでも、「疑問があったら言ってみなさい」と、ちょっと挑戦的《ちょうせんてき》な態度を取ります。「世界の人類に、絶対的な幸福をもたらす唯一《ゆいいつ》の教えである」とブッダは宣伝《せんでん》しています。その宣伝に偽《いつわ》りはありません。

世界にはいろんな哲学があって道徳について語っていますが、誰もが何とか言うだけで、証明をしてはいません。例えば、「殺してはいけない」という道徳を聞いたことがあるでしょう。「殺してはいけない」と言う人に、「なぜ、殺してはいけないのか？」と聞いてみてください。それには答えがないはずです。「嘘《うそ》を言ってはいけない」と言う人に、「どうして?」と聞いても、答えは出てこないはずです。なぜなら、「嘘を言ってはいけない」と言う人も、堂々と嘘を言っているからです。

ブッダは、いい加減で曖昧《あいまい》な道徳の代わりに、しっかりと「2+2=4です」といえるような確実な公式を使って、「幸せになりたければ、これで決まりです。他の道はありません」と、人間に生きる方法、生きる道を教えています。

これまでに説明した二つのポイントをおさらいしましょう。

一番目は、私たち人間は他人から学ばなくてはいけない、ということです。その場合、「人間はみな不完全だから、相手のことを鵜呑みにするのではなくて、いいところだけを取って、他は放っておく」というように考えればいいのです。

二番目は、道徳をチェックする三ステップです。「自分が何か行為をする場合、いつでも、自分のためになるか、まわりのためになるか、生命のためになるか、ということをチェックして生きていく」ことです。一切の道徳の問題は、この短いポイントで解決するのです。

仏教を理解すると頭がよくなります。世の中では、何か問題が起きても、みんなただ意見・異論を垂《た》れ流《なが》しているだけです。そういう混乱した世の中にあっても、仏教のものの考え方を理解していれば、明快に答えを見出すことができるのです。

第二章　ブッダはなぜ出家したのか

ブッダが見つめた「苦しみ」

ブッダ（お釈迦様《しやかさま》）はいまから約二千六百年前、釈迦国という北インド（現ネパール）の由緒《ゆいしよ》ある国で、国民を統治する王家に生まれました。ブッダが王子だった頃《ころ》の名前は、ゴータマ・シッダッタと言います。

「人間には限りない苦しみがあるのだ」

ブッダは人々にそう教えました。そう言われても、現代の方々にはピンと来ないかもしれません。「人生は、幸福に溢《あふ》れているのではないか」というのが、現代人の一般的な考え方でしょう。

しかし、ブッダが生きていた古代インドは、現代のように恵《めぐ》まれた社会ではありませんでした。生きるということはすごく苦しいことであって、どの側面から見ても大変だったのです。
ブッダが生まれた時代、ほとんどの人が農民でした。彼《かれ》らは誰《だれ》にも迷惑《めいわく》をかけることなく、戦うこともなく、田んぼで米を作って平和に生活していたのです。

しかし、自分で田んぼを作って生活していても、すべて上手《うま》くいくわけではありません。あちこちから、力の強い人々がやって来て攻撃《こうげき》したり、ものを奪《うば》ったりする。他国から侵略《しんりゃく》されたりもする。それらから自分たちを守るのは大変なことでした。例えば、突然《とつぜん》誰かが軍隊を率いてやって来て、罪のない人を殺して帰ってしまう。ある朝目が覚めたら、自分の家や土地が別の国のものになっていた、というようなことは頻繁《ひんぱん》にありました。

王室の人々は国民を支配し管理するのが役目です。もし国民の土地や財産が隣《となり》の国に侵害されたならば、武器を持って駆《か》けつけて、守ってあげなければいけない。すると、戦うことにもなる。しかしいくら戦っても、小国だから国を守りきることはできない。とにかく力の強い大国の人々が、小さな国を侵略して力ずくで占領《せんりょう》してしまう。そういう苦しみは日常茶飯事《さはんじ》だったのです。

この平和な時代に生きている現代の方々には、ある日いきなり死んでしまうというのは、ちょっと理解できないことでしょう。親しい人が突然殺されたり、死んだりするのは、大変悲しいことなのです。

国民の期待を一身に集めて

釈迦国に住む国民（釈迦族の人々）は、シッダッタ王子に大きな期待をかけていました。シッダッタ王子は有能で、当時では信じられないほど天才的な能力を発揮《はっき》したのです。王になるための教育には、当時でも二十年、三十年くらいかかるものでしたが、シッダッタ王子は二、三年でその勉強をほとんど終えてしまいました。

その様子を見て、みんなびっくりします。当時の先生たちも、こんな優秀《ゆうしゅう》な子どもにはもう我々《われわれ》では対応できないと、身を引いてしまいました。

知識人として抜群《ばつぐん》な能力があるし、軍人としての訓練もすべて早く終わってしまった。これからは完璧《かんぺき》な指導者として、王様としての仕事ができる。他の国々の王たちと比べてみても、シッダッタ王子には飛びぬけた能力がありましたから、「これで何とか国民を守ってくれるだろう。釈迦族の国が繁栄《はんえい》して、大きな国になるのではないか」という国民の期待を受けていたのです。

そこで、シッダッタ王子は真剣《しんけん》に自分の仕事について考えました。「自分の仕事は、国民の苦しみをなくして、期待に答えることではないか」と。

しかし、勉強のしすぎだったのかどうかわかりませんが、「どう考えても、自分にはこの期待には応《こた》えられない。自分が何をやったとしても、人間には「苦しみ」というものがある。王としてできることは何もない」と悩《なや》んでしまったのです。「シッダッタ王子は我々の救い主である」というふうに国民は期待していましたから、その重圧にはとても耐《た》えきれませんでした。

王位に就《つ》くことを待ち望まれて

父親であるスッドーダナ王も、息子《むすこ》に強く期待していました。自分の家に、希望の星が生まれてきたのですから、当然のことです。高名な仙人《せんにん》の占《うらな》いでも、シッダッタ王子は、人類を導く唯一《ゆいいつ》の人物であり、こんな偉大《いだい》な人はもう二度と生まれないと予言されていました。宗教的な話ですから、現代の方々はあまり認めないかもしれませんが、そういう経典《きょうてん》のエピソードから見ると、シッダッタ王子には、自分は人類を幸福に導く人として生まれたのではないかという、かなりのストレス、プレッシャーがかかっていたのです。

父親と国民は、ブッダに王様として政治の采配《さいはい》を振《ふ》るって欲《ほ》しいと考えていました。父親は、自分が王をやめて、シッダッタ王子が王になり、国民が早く幸せになってくればいいと考えて、シッダッタ王子に「王として仕事をしなさい」と勧《すす》めたのです。シッダッタ王子は帝王学《ていおうがく》というか、王になるための勉強は全部終えて、もう立派な一人前の男になっていたし、結婚《けっこん》もしていましたから、そろそろ国の政治を管理してはどうかと父王は勧めたのです。

でも、シッダッタ王子は「では私がやってあげますよ」と王様の仕事をすぐに引《ひ》き継《つ》ぐことはなかったようです。どちらかと言うと、ずうっと遊んでいました。父王も、息子のことは信頼《しんらい》しているし、自分もまだ仕事はできるし、若いときには楽しくしていればいいのではないか、と放っておいたのです。

老い、病み、死ぬことは苦しい

出家する前の王子の時代、ブッダはものすごく贅沢《ぜいたく》に暮らしていました。宮殿《きゆうでん》は三つあって、一年間に四カ月ずつ住んでいたのです。二十四時間、お世話係の人々が周りにいて、自分が寝《ね》ていてもお付きの人々は寝ない。「シッダッタ王子が目覚めたら、瞬時《しゅんじ》に対応しなければいけない」ということで、お世話係の人々はずっと周りで待っていたのです。王子は贅沢にただ遊んでいるだけなのに……。それくらい人々は王子に期待していたのです。

そこで、シッダッタ王子は「この人々は何を期待しているのか？　私にはこの期待に応《こた》えられるのか」と、真剣に考えました。そして、人々のことをよく見ると、限りない「苦しみ」を味わっているのではないか、では「苦しみ」とは何なのか、ということで、「苦しみ」について研究したのです。

ですから、その出発点からして、世間にいる哲学者《てつがくしゃ》や宗教家とはちょっと違《ちが》います。世間の宗教家は「宇宙《うちゅう》を創造した神とは何か」といった、大それたことを調べますが、非常に頭が良かったシッダッタ王子は、そういうことはあまり気にしませんでした。

シッダッタ王子は、「神とは何か」といった大層《たいそう》なことではなく、「我々《われわれ》の苦しみとは何か」という、単純なことを考えました。だから仏教というのは、シンプルでわかりやすい宗教になっているのです。堂々たる大げさな宗教ではありません。そして、人間には年を取ること、病気になること、死ぬこと、という苦しみがあるということに気づかれたのです。

このように仏教は、「人は当然死ぬ。これはすごく悲しい、苦しいことである」という、ごくシンプルな発見からスタートしています。

賢《かしこ》いつもりで問題を見失う

普通の人間は、親しい人が死ぬのは悲しい、老いることは苦しい、などということはあまりにも単純ですから、考える価値もない馬鹿《ばか》げたことだと思っています。私たちはそういう単純なことを問題にせず、賢いつもりでいるのです。

人は普通、もっと大それたことを考えるものです。例えば、「神とは何か」とか、

「魂《たましい》とは何であろうか」とか、「霊魂《れいこん》とは如何《いか》なるものか」とか、「死後自分たちが行く天国はどのような場所か」とか、「神はなぜ自分と世界を創造したのか」というようなことを、考えるのです。

そうやって賢いつもりでいても、本当は、自分の奥《おく》さんが何を考えているのかさえも分からないし、友達《ともだち》とちょっとしたことでケンカしても、仲直りの仕方が分かりません。人間の本当の理解能力はそんな程度なのに、世界と生命を創造したという神のことやら、霊魂や幽霊《ゆうれい》のことなどを考えるのです。だから、人生で何か失敗をして落《お》ち込《こ》んだところで、瞬時《しゅんじ》に立ち直ることができず、一生苦しんでしまうのです。

こういうことは、「考える」という単語が正しく使われていないから起きるのです。実際は、いい加減で根拠《こんきょ》のないもの、証拠《しょうこ》なんかひとかけらもないものを、限りなく「妄想《もうそう》」しているだけなのです。このような人々は、人間の問題、人間の悩みを何一つ解決しません。小さな問題でも、手に負えないところまで拡大させてしまうのです。

「当たり前」のことに苦しんでいる

一つ例をあげてみましょう。人間はみな、「平和こそが素晴《すば》らしい」とうたっているでしょう？　しかし、誰一人として平和な社会を築くことはできていません。平和運動をやればやるほど、戦争が増えるばかりです。ということは、結局「知識能力がない」ということなのです。

ブッダは「生命は基本的に無知」だと説かれました。ですから、出家する前の王子の時も、夢ばかり追うことはせず、物事を証拠に基《もと》づいて具体的に考えていたのです。シッダッタ王子が発見した苦しみは、世界を創造した神様にアダムとイヴが逆らったから起きた、という「原罪」によるものではないのです。

いくらもっともらしい物語を作っても、問題は問題のままです。具体的に世界を見ると、病気になることは苦しい、老いることは苦しい、死ぬのは嫌《いや》だ、嫌な人と付き合うのは苦しい、希望が絶望になるのは苦しい……というように、問題はたくさんあります。その苦しみは豊かな人であろうと貧乏《びんぼう》な人であろうと、老人であろうと子どもであろうと、みんな同じです。また、動物を観察しても、同じ苦しみで悩んでいることが見えるのです。

みなさんは、「そんな当たり前のことが何だ」と思うでしょう。しかし、みなさんはこの当たり前のことで悩んだり、落ち込んだりしているのではないでしょうか。この当たり前のこととの解決方法を知らないのではないでしょうか。理性のある人、賢い人は、この当たり前の苦しみを乗り越えるすべを見つけるのです。

小学生の子どもは、自分が飼《か》っていたペットが死んでしまうと、ひどく泣いてしまいます。大人は立派で頭がいいふりをしているから、そんなことでは泣けません。子どもたちが飼うペットは、ハムスターとかネズミだったりしますが、ずいぶんと早く死んでしまうので、子どもはひどくショックを受けます。「親しいものと別れることは悲しい」というブッダの言葉は、これぐらいの小さなことでも理解できるのです。

「人間に決して乗り越えられない苦しみ、大変な悩みというのは、親しいものと別れることです。老いて、病んで、ついに死に別れるのです」という事実は、ブッダが説く真理のスタートポイントです。

また、人間はあれこれ期待するものですが、人生が期待通りに行くということはありません。

特に昔はそうでした。畑に種もみを蒔《ま》いても、しっかりと作物が育つかどうかは分かりません。動物が来て食べてしまうかもしれないし、雨が降らないかもしれない。あるいは、洪水《こうずい》で全部流されてしまう可能性もある。現代とは随分《ずいぶん》様子が違います。今は色々な技術を駆使《くし》しているから、昔ほど収穫《しゅうかく》は期待外れにならないかもしれませんが、昔はそうではなく、自然災害《さいがい》で田畑が全滅《ぜんめつ》することはざらにありました。ビニールハウスもなかったので、一度収穫を逃《のが》すと、次の年まで飢《う》えに耐《た》え忍《しの》ばなければならなかった。だから、期待が叶《かな》わないということは、すごく悲しいことだったのです。

せっかく米を作ったのに収穫できなかったら、その人々にとっては大変な経済的ダメージです。一年間、なんとか食べるものを探《さが》して、大変苦しい生活をしなければいけません。例えば稲《いね》が全部なくなってしまったら、種もみに手をつけないと飢《う》え死《じ》にしてしまうかもしれませんし、「じゃあ来年作りましょう」と思って、次の年はきちんと雨が降ってくれても、蒔くモミがなかったらお手上げなのです。だから、生きるのは大変でした。

しかし、本質的には今も状況《じょうきょう》は変わっていません。私たちも期待するものがその通りにならないことで、大変な苦しみを味わっています。時代が変わったからといって、科学や経済が発展しているからといって、期待通りに物事が行くということはありません。これから生まれてくる人々も、同じ苦しみを経験するのです。

それから、嫌な人々と付き合うという苦しみも、昔は避《さ》けては通れないものでした。付き合いたくないけれど、付き合わなければいけないという、大変苦しい状況に置かれてしまうことはよくありました。

例えば、自分の村がどこかの暴力団みたいな乱暴な人々に侵略される。今まで自分の土地だった田畑が、一日にして侵略者のものになり、鞭《むち》を振《ふ》るわれて「田畑を耕せ」と命令され、自分たちはそこで奴隷《どれい》みたいに仕事をしなければならない。昨日までは、自分の田んぼだったのにです。それでまた収穫した作物を、侵略してきた人に差し出さなければいけなくなってしまう。命令をきかなければ殺されてしまうから、侵略者の機嫌《きげん》をとらなければいけない……。このようなことは我慢《がまん》できない事態なのです。

現代人にはなかなか経験できないことかもしれませんが、これは想像を絶する苦しみです。だからブッダは、嫌な人と付き合うことは限りない苦しみだと説かれたのです。

苦しみは普遍的《ふへんてき》である

このように、ブッダが最初に気になったことは、現代の社会ではほとんど気にしなくなっているようなことです。なぜなら、私たちは「そんな苦しみなんか、あるわけない」という態度で生きているからです。

しかしブッダは、「人間の苦しみは、普遍的なことである」とおっしゃいました。本当にそれが普遍的か否《いな》かということは、みなさんが考えなければいけない問題です。「私たちに何か生きる苦しみはあるのか?」と一人ひとりで考えてみなければならない。

普遍的という言葉は、「いつでも同じ」という意味です。例えば、地球は自転するとか、夏は暑くなるとか、そういうことが普遍的なことです。人間がいくら頑張《がんば》っても、「普遍的なこと」は変えられません。太陽系が壊《こわ》れるほど遠い将来なら、変わるかも知れませんが……。

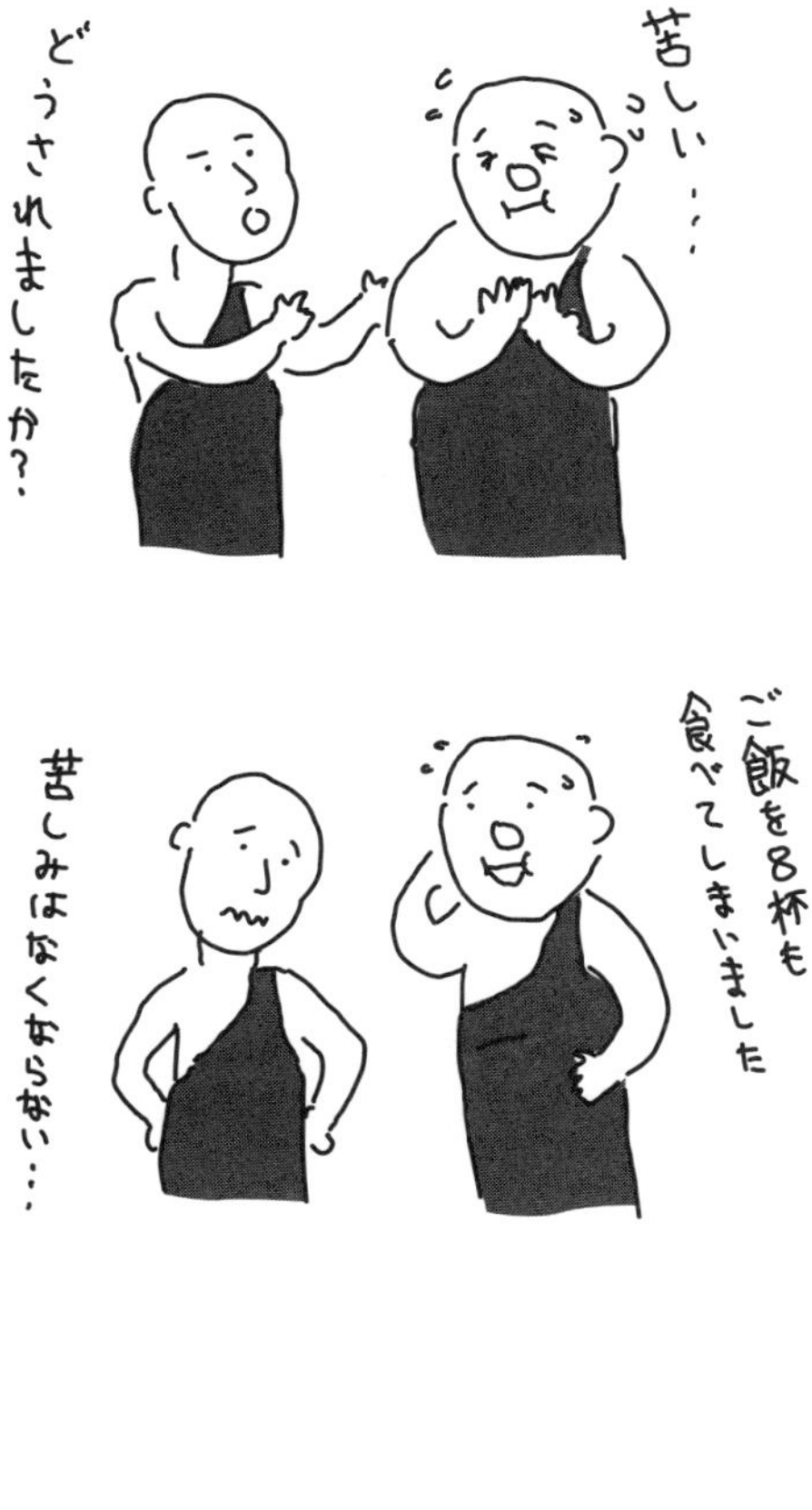
苦しい・・・
どうされましたか？
ご飯を8杯も食べてしまいました
苦しみはなくならない・・・

そういう意味で、人間のこの苦しみ、親しい人々と別れること、嫌な人と過ごさなければいけないこと、生まれること、死んでしまうこと、年を取ること、病気になること、期待が外れること、それらは普遍的な苦しみであると、ブッダは説かれたのです。

人間はろくに満足できる生き方もしていないのに、「これから幸せになってやろう。これから成功してやろう」と思っているうちに、着実に年を取っていきます。六十歳、七十歳になっても、「まだこれからだ」と思っている。それで結局、「これから幸せになろう」と思っている最中に死んでしまう。これはすごく苦しいことです。「もう、十分生きました。やりたいことは何一つ心残りなくできました。何でも成功しました。もう生きる意味や目的に達しました」と言えるならば、死ぬことは、別に苦しいことではありません。しかし、誰でも「これから何とか上手く行くのではないか」と思っている間に死んでしまうのです。

ブッダはこのようなことを考えました。そんなに頭でっかちで観念的なことを考えたわけではありません。だから、子どもならブッダの高度な思想を理解できますが、観念の迷路でさまよっている大人には、苦労しなければ理解できないのです。

例えば、先程お話したように、飼っていたハムスターが死んでしまったと言って、子どもがすごく泣いているとします。大人は、「ああ、やっぱり子どもだ。何も分からないんだから」と内心バカにして見ています。そこで、「ハムスターは天国に行きましたよ」と言って、慰《なぐさ》めようとするのです。

では、大人は本当に知っていて言っているのでしょうか？　違います。明らかに根拠のないことを言って、子どもを騙《だま》そうとしているのです。

その時に言うべきなのは、「ハムスターも死ぬ、他の動物も死ぬ、人間も死ぬ、あなたの母親も父親も死ぬ、あなたも毎日死に向かって進んでいる。だから泣《な》き崩《くず》れても意味がない。死ぬことは確実だから、どう生きるべきか、何をするべきかと考えたらどうですか」ということです。しかし、大人はそこまで気付かないのです。

面白《おもしろ》いことに子どもは「死ぬのは嫌だ」とか、「怖《こわ》い」とか平気で言います。大人も感じるかもしれませんが、口に出しては言わないことです。だから、時々子どもがお母さんに向かって、「死ぬのは嫌だ」と口にすると、「うちの子はなんか変なことばかり言って困るわ」「何くだらないこと考えているのかしら？」と、心配するのです。

でも、心配する必要はありません。子どもはただ、ありのままの事実に気付いているだけです。世間の余計《よけい》な妄想を頭に刷《す》り込《こ》まれていないから、当たり前のことを言うことができるし、とても賢いのです。

子どもたちが何のことなく口にする言葉は、ブッダが説かれた「苦しみ」という真理のことなのです。

どうやって「期待」に応《こた》えるのか？

このように具体的に考えていって、ブッダが次に取り組んだ問題は、「では私は苦しんでいる人々の期待に応えることはできるのか？」ということでした。

みんなが若いシッダッタ王子に期待して、「苦しみから解放してくれ」と頼《たの》んでいました。国民はみな、シッダッタ王子が国を豊かにして、国土を拡《ひろ》げて、帝国を作ってくれると思っていたに違いありません。

シッダッタ王子から見れば、そんなことができたとしても、人は幸福になるわけではない。帝国を築いても、隣国が攻めてくるのは止められないということがわかっていました。本当の苦しみは、金があるかないか、国が大きいか小さいかではありません。「生老病死」なのです。

「あなた方の生老病死という苦しみを、私は何とかしてあげることができるのか？」と王子は真剣に考えました。しかし、考えたところで、このままでは何もしてあげることはできないとわかったのです。人は、自分の親が死ぬと悲しくなります。今は泣かない人もいますが、昔はみな泣いたのです。子どもが老いた両親の死を悲しむのは自然の流れですが、親が子どもの死を悲しむこともよくありました。その悲しみは、老いた親の死の悲しみよりも強烈《きょうれつ》だったのです。

昔は今と違って、それほど医学は発達していませんでしたし、有効な治療《ちりょう》方法があったわけではないので、ちょっとした病気で子どもが死んでしまったのです。子どもが死んでしまうと、親は悲しくなるものです。少子化が進んだ現代に比べると、昔は子どもの数が多く、また子どもが成長できずに死亡する確率も高かった。だから、多くの人が子どもを亡くすという悲しみに直面して苦しんでいたのです。

病気や怪我《けが》で死にかけた子どもを、何とか助けてあげられる場合もあるでしょう。同時に、どうしても助けてあげられない場合だってあるのです。極端《きょくたん》に考えてみて、一体どうすれば、親は子どもを「死なないように」してあげることができますか？　子どもにしてみても、どうすれば、自分の両親が「死なないように」してあげることができますか？　どうすれば、両親がいつまでも元気なまま、「年を取らないように」してあげることができますか？

こういった期待・希望は、いくら考えても叶《かな》えることはできない不可能なことでしょう？　つまり、人間が抱《いだ》いている期待を何でも叶えられるように、誰も失望しないようにしてあげることはできないのです。だから、そのことに気付くと、いくら期待しても「期待していること自体が勘違《かんちが》い」だと分かってしまうのです。

シッダッタ王子は具体的に考えた結果、その真理に気付いてしまいました。釈迦国の国民たちや父王や王家の人々が、シッダッタ王子に「彼が人類を救ってくれるのではないか」と期待していたこと自体、はじめから成り立たない幻想《げんそう》だったのです。

ブッダの単純な考え方でみれば、「救う」といったような問題ではないのです。人間は苦しんでいる。だから、何か「幸福になりたい」という夢を見ているのです。「どうして夢を見ているのか？」といえば、「いま苦しんでいるから」ということになるのです。そこで「苦しみとは何なのか？」と考えたところで、それは誰にでも起こる普遍的な真理だとブッダは見出《みいだ》したのです。

ブッダの具体的な考え方で結論を出すなら、誰かを「救う」という選択《せんたく》は成り立ちません。ただ一言、「苦しみとは普遍的な法則」なのです。

道を探《さが》すための「出家」

そこから、ブッダは自分の天才的な能力を発揮《はっき》されました。「では、何とか方法はないのか？」と、シッダッタ王子は新たなる道を探し始めたのです。彼は、「自分は人々の期待に応じることはできない。だから、もう王位を継ぐ立場にいる意味はない」と決意して、王宮から出て行ってしまいました。釈迦国の王子の地位を捨てて、この社会から出て行くことに決めたのです。

唐突《とうとつ》な感じを受けるかもしれませんが、これもまた、具体的な考え方をすれば自然に出てくる結論です。社会にいるということは、社会に対して責任があるのです。しかし、シッダッタ王子には、自分の社会的な責任を果たせないことは明白でした。責任も果たせないくせに、責任を持っていってはいけないでしょう？　だから、社会から出て行ったのです。

これもまた、単純な考え方です。現代人とは違います。現代人はこういう場合、いくら責任が果たせなくても、その地位にとことんしがみついてしまいます。頭が悪ければ悪いほど、才能がなければないほど、そういうものを必要とする立場に就いてしまうことがあるのです。

例えば、国民の代表だと思うと恥《は》ずかしくなるような人が、平気で国の総理になったり、大臣になったりする。不正を働いて、横領《おうりょう》をしている人が会社で昇格《しょうかく》していく。嘘《うそ》を言って人をだまして、ごまかしをすれば成功する。だいたいそんなものです。正直でコツコツと仕事をすると、簡単にリストラされてしまったりするのです。だいたいそれが、普通の常識的な社会です。だから、なにか誤魔化《ごまか》しをやらないと生き残れないのです。

しかし、子どもの頃はまだ正直です。子どもにできないことを頼んでしまうと、もの

すごく嫌がります。試しにやってみようともしない。「嫌だ」と平気で言います。その代わり、できることを頼んであげると、すごく喜んですぐにやってくれる。それから、褒《ほ》めて欲《ほ》しがるのです。

大人になっても、できないことを無理にやってみようとして、みなに迷惑をかけることをやめれば、その代わり自分にできることを立派にこなしていれば、よく認められる人間になるのではないかと思います。

シッダッタ王子は具体的な論理に従って、「私は社会に責任を持てない。

できないことを頼まれてしまっている」と考えました。そして、「やはり自分はもう社会人でいてはいけないのだ」と出家を決意したのです。

経典と仏典の違《ちが》い

仏教を記録しているテキストを私は二つに分けて考えます。ひとつは経典、もうひとつは仏典です。

経典というのは、お釈迦さまの説かれた言葉の記録です。直弟子たちが語った説法も、経典として同じカテゴリーに入ります。

仏典というのはまず、経典の中身を説明する注釈《ちゅうしゃく》書です。それから、仏教の内容を説明する諸々《もろもろ》の本です。

仏教を学ぶ人々は、ほとんど後者の仏典に出てくる話に足を引っ張られているようです。神話的な話、超能力的《ちょうのうりょくてき》な話、起こりえるはずもない物語などが、仏典にはたくさんあります。それらの著者たちは、自分のインスピレーションを働かせていろいろな作品を作り、仏教を紹介《しょうかい》しようと努力しました。しかし、仏典の中身を神の言葉のようにそのまま信じてしまうと、仏教も変な神秘的《しんぴてき》な教えのように見えてしまうのです。

ですから、仏典の物語などを読む場合は、ストーリーを楽しみながら、言わんとする意味を理解しなくてはなりません。表面的にそのまま信じてはいけないのです。

「四門出遊《しもんしゅつゆう》」の物語

わけがあって面白くもない学問的なところを書きました。そのわけをこれから説明します。

シッダッタ王子が出家したのはなぜか、ということを語る有名な物語があります。

ある日、王子が公園に遊びに出かけたとき、ボロぞうきんのようになった老人が目に入りました。王子が驚《おどろ》いて、「これは何の生きものですか?」と、御者《ぎょしゃ》のチャンナに聞きました。なんと、王子は老いた人をそれまで見たこともなかったのです。御者のチャンナが、「すべての人々は必ず老いるのです」と王子に教えてあげました。その日は、遊ぶことに飽《あ》きた王子は、宮殿《きゅうでん》に戻《もど》ってしまいました。

また別のある日、遊びに出かけた王子は、見ていられないほど苦しんでいる病人に会いました。ショックを受ける王子に御者チャンナはまた、「誰でも同じように病気になるのですよ」と説法されました。そしてまた別のある日、王子は死んだ人（死体）に出くわします。それでもまた、「人は誰でも必ず死ぬのです」と、御者チャンナに説法されます。王子が最後に出会ったのは、修行者でした。「この人は何ですか？」と問う王子に、御者チャンナは「老病死という生きる苦しみから脱出《だっしゅつ》して、永遠な安らぎを求めて出家して修行する人ですよ」と説法されたのです。それでシッダッタ王子は、「出家することしか自分にも選ぶ道はない」と決めたのです。

この話は「四門出遊」のエピソードとしてよく知られているお話ですが、結局は作られた物語です。論理が成り立たないところがいくつかあります。天才的な能力の持ち主で、インドの学者さえ驚かせたシッダッタ王子が、人が老いることを知らなかったというのは、余りにもおかしいからです。

作者はこのポイントをちゃんと知っていました。ですから父王が、「老人・病人・死体・修行者の姿が息子の目に触《ふ》れぬようにと、シッダッタ王子を決して町に入れないように命じていたのだ」と書いていますが、それでも、あり得ないことです。

物語の作者たちは私たちを何とか納得《なっとく》させるために、さらに工夫《くふう》します。王子が見た老人・病人・死体・修行者は本物ではなく、神々が「王子はそろそろ出家する時期になった。遊びにふけっていてはダメだ」と思って見せた幻想だとも言うのです。また、天才的な能力を持っている王子が、学問をしたこともない御者チャンナに説法されるのはおかしい、という点については、「神々がチャンナの口を借りて説明した」と言って見事につじつまを合わせました。

物語として、このエピソードは面白いと思います。私も子どもの頃、喜んで読んだものです。しかし、大事なのは物語ではなく、この物語が言わんとするポイントです。王子は生きる苦しみや幸福について、ふつうの人間の思考範囲に入らないレベルまで考察したのです。そして、「すべての生命は老い、病み、死ぬ。俗世間《ぞくせけん》にしがみついて欲におぼれて生活すると、老病死の苦しみの渦巻《うずま》きにのまれる」と、とてもわかりやすい結論をまとめました。

出家してから、シッダッタ王子は天才的な能力を働かせました。この「苦しみ」をなくす別な道を探すために、様々な研究や修行に打ち込んだのです。そして、出家してから六年余りが経った時、シッダッタ王子はついに「苦しみをなくすための方法」を見つけました。それから、シッダッタ王子は「ブッダ（悟った人・発見者）」「如来《にょらい》（真理に達した人）」と呼ばれるようになったのです。釈迦族から現れた仙人という意味で、「釈迦《しゃか》牟尼《むに》」「釈迦牟尼仏陀《ぶつだ》」とも言います。それらの言葉を普通の日本語で略《りゃく》して、「お釈迦様」と呼んでいるのです。

「苦しみ」は心の問題だった

ここでまた、残念なことに現代の方々にはちょっと理解しにくいことをお話ししないといけません。それは、ブッダによれば、この「苦しみ」というのは、ちょっとした精神的な問題、心の問題だということです。

「雨が降らなかったから、不幸になった」のではなくて、これは心の問題なのです。「子どもが死んでしまって、不幸になった」という話も、本当は心の問題なのです。苦しみというのは、普遍的な法則があるにもかかわらず、その法則を理解しないという「無知」から起こる問題なのだと、ブッダは説かれました。

生まれるものは誰でも死ぬのに、なぜ人はそれを認めないのでしょうか？　「認めない」ということは、「認めない心」の問題ではないのでしょうか？　生まれたものは誰でも年をとるのに、死んで欲しくないと思う。「ああ、そうか」というくらいで終わればいいのに、その事実を認めない心に問題があったのです。

そういうわけで、ブッダは人間の苦しみは「心の問題」であると発見しました。そして、苦しみを生み出すその心を正しい方向に育てること、心の汚《よご》れを落としてキレイにすること、すなわち智慧《ちえ》を開発すること、という道をご自身で探し出しました。自らその道を歩んで最高の智慧を開花されたのです。全《すべ》ての物事は、どのように現れて、どのように消えていくのか。ブッダは明確にそれを知《し》り尽《つ》くしていました。そして、ブッダは断言されます。

「生命に知り得《う》るものというのは、一切それに限られる。自分はその全てを知った。自分にはもう知らないものは何もない。私は一切智者である」と堂々と説かれたのです。それから、「もし、私に知らないことがあるというなら、どうぞ言ってみてください」と人類にチャレンジを促《うなが》したのです。

人々はいろいろな質問や疑問を持って、ブッダに向かって果敢《かかん》にチャレンジしました。ブッダがその疑問や質問に答えた記録が、いま仏教となって伝えられています。現代に生きる私たちに起こりうる様々な問題に対する答えは、ブッダの教えのなかにあるのです。

ブッダが生まれてから二千六百年あまり経ちました。ブッダは八十歳で涅槃《ねはん》に入られています（亡くなったという意味です）。そんな遠い昔に語られた内容が、いまも人々の問題を解決してくれるのです。

ブッダの言葉は決して時代遅《おく》れになりません。時代遅れになるどころか、時代の思考をつねに先取りしています。仏教を学ぶと、私たちの知識と理解能力の弱さを痛感《つうかん》するはめになるのです。

しかし、仏教は難しいと言いたくはありません。なぜならば、ブッダは自分で言いたいことを言いたい放題説いたのではないからです。人々がブッダに質問して、ブッダがその質問に見事に返事を出し、相手がその答えを理解する。説法はこのような対話形式なのです。私たちもみなが世間のこと、自分のこと、生きる意味、生きる目的などについて考察すれば、たくさんの疑問やわからないところが出てくるはずです。それらを堂々と仏教にぶつけてみれば、その答えが発見されるのです。

ですから、仏教というのは雲の上の話ではなく、「私の疑問に対する正しい答え」なのです。仏道というのは、「私の正しい生き方」です。「私」を発見したがる現代の方々には、仏教は一番適していると思います。だから、私たちも心にチャレンジ精神をもって質問を出さないと、人生は損《そん》しますよ。

科学と仏教の似《に》ているところ・違うところ

ブッダは、修行して、真理を発見し、「苦しみ」が心の問題であるということも発見して、自分の心にあるその問題を解決しました。世の中、生命、宇宙、何もかもが、どんなからくりで出来上がっているのか？　という存在の秘密を発見したのです。

ここで、真理を発見する際のブッダの方法と、世間の方法との違いを考えてみましょう。

知識、学問、科学などは、世間で行っている真理の発見です。歴史を学ぶ人は、過去の事実を発見しようとする。科学者は、宇宙と物理の真理を発見しようとする。私たちは学校でそれらを学びます。

しかし、ブッダが発見した真理は世間では発見されていません。なぜなら、発見する方法に違いがあるからです。

ひとつの例として、科学知識の方法論を考えましょう。

科学者がいろいろな事を調べて、たくさんのデータを集める。それから、調べた現象を説明しようとする。現象の説明として公式を作ります。

例えば、リンゴは地面に落ちる。枝から離《はな》れたら上に飛んでいかない。リンゴだけではありません。どんなものでも地面に落ちる。さらに調べると、鉄の玉も鳥の羽も地面に落ちるスピードは同じです。それらのことから、地球は物を一定の力で自分の方へ引き寄せているのではないかと仮定する。たくさんのデータを調べたところで、引力に関する公式ができあがったのです。公式ができたところで、地球の引力だけではなく、惑《わく》星《せい》の引力も他の星の引力も計算できるようになりました。科学のどんな分野でも、このような方法で発展していくのです。

科学には数学が必需品《ひつじゅひん》です。公式が数学形式だからです。ですから、実際のデータがなくても、数学だけで思考を発展させることができます。最初に数学的に計算してみて、それからその答えは事実にあっているかいないか、とデータを調べることもできるのです。宇宙の研究はだいたいこのようなやり方です。宇宙のことは最初から調べるのは無理なので、まず数学で仮の結論を作ってみるのです。

科学ではまだ発見していないものについても、x、y、α、γ、σ、θなどのシンボルを使って表します。シンボルを使って計算すると、そのシンボルが代表するものは実際にあるように錯覚《さっかく》するからです。科学者は、データが公式に合わない場合、公式をデータに合わせて変えていきます。そうやって、科学は私たちに世の中のことを説明してくれるのです。

しかし、科学はすべてを調べているわけではないので、つねに発展途上《とじょう》です。いま事実だと思っているものが、やがてそうではなかったと発見する可能性があり得ます。ですから、科学は決して最終的な知識ではないのです。

ブッダが発見した真理がそれらと違うところは、「最終的である」ことです。「誰が調べても同じ結論に達することになる」とブッダが断言しています。このような話は、科学では成り立ちません。

また、現代科学とブッダとは研究テーマが違います。科学者は物質のことを研究しますが、ブッダは心のことを研究するのです。けれども、ブッダが物質を無視するわけではありません。心と物質の関係というテーマのなかで、物質に対しても研究して最終結論を出しています。

わかりやすくなるように、たとえ話で説明しましょう。

ニュートンはリンゴが落ちるのを見て驚いた、というエピソードがあります。本当かどうかは分かりませんが、彼《かれ》が発見した万有引力の法則はいまも正しいものです。

ここで、ブッダが万有引力をはじめから知《し》り尽《つ》くしていると仮定しましょう。知っていることですから、ブッダはリンゴが落ちることに驚きません。しかし、そこにニュートンや自分が「立っていること」に驚くのです。なぜならば、万有引力の法則からすると、人間は立てないはずだからです。地球上のすべての生命は、引力に逆らって歩いたり走ったり動いたりしているのです。

ビー玉を床《ゆか》に転がせば、どこまで行くかだいたい推測できます。しかし、床を歩いているゴキブリがどこに行くかは、全く推測できません。歩くかもしれないし、走るかもしれないし、止まるかもしれません。飛ぶかもしれないし、死んだふりをするかもしれません。とにかくわからないのです。

これってとても不思議ではないでしょうか。研究するべきなのは、「リンゴが落ちること」よりも、「私が立っていられる」という不思議ではないでしょうか。

このエネルギーをブッダは「心」というのです。ブッダは万有引力の研究ではなく、それに逆らえる生命の心の働きを研究したのです。これがブッダと科学の違うところです。ですから、結果も違います。科学者は様々なものを発明して作りますが、人間には何の成長もありません。ブッダはものを作ることは教えませんが、「心を完成すること」を教えています。仏教を実践すると、人格が向上して優《すぐ》れた人間になります。生命の次元を乗り越えることもできるのです。

宗教、哲学《てつがく》と仏教の似ているところ・違うところ

宗教や哲学も真理を発見する分野だと推測できます。しかし、宗教家と哲学者は科学的な方法とは違う方法で考えています。方法論から見ると、仏教と科学は共通しているので、宗教や哲学で言っていることと、仏教で言っていることは当然違う、ということになります。

宗教家と古代の哲学者は、データを調べてから結論を出すのではなく、最初に結論を出して、無理にデータをそれに合わせるという方法を取りました。分かりやすく言えば、「絶対的な神が存在して、神が森羅万象《しんらばんしょう》を創造した」と最初に結論を出す。それから「神はあれを言った、これを言った」「神のお告げだから、このように生活しなさい」というように、あれこれと神について語る。それから「人間には魂があり、永遠不滅《ふめつ》な霊魂がある」ことを前提として結論を出し、魂とは何たるものかと延々と語るのです。

西洋では、魂は人間だけにあって動物にはないと言い、ヒンドゥー教では人間、動物、他のものにもすべて魂があると言う。データが何もないのに、結論を最初に出しますか

ら、話がややこしくなっています。ブッダから見れば、これらの宗教の方法は、真理を発見する者が決してやってはいけない、間違った方法なのです。

絶対神を語る諸宗教では、信仰《しんこう》が絶対的条件です。何より先に神を信じる。信じるということは、神が言ったとされることを真理として認めることになる。証拠のないものを信仰させる場合は、このように強引に相手を脅《おど》さなくてはならないのです。

人間は生まれつき罪びとであること、神を信じないと罪は償《つぐな》えないこと、罪びとは死後永遠に地獄《じごく》に堕《お》ちること、などは正直に言うと脅しです。気が弱い人々は怯《おび》えて、信じるようになってしまいます。しかし、これは知識人のやり方ではありません。智慧・真理を求める者は、事実をありのままに観察しなくてはならないのです。

宗教の方法論を説明するために、たとえ話をしてみます。

何も調べることをしないで、三角形の面積を計算する公式は $x=\sqrt{abc^3}$ だと誰かが勝手に決めたとしましょう。

実際調べてみると、三角形の面積はこの公式には全く合いません。その場合に、「あなたのデータが間違っている。三角形の面積は必ずこの公式に合わなくてはならない」

と言う人がいれば、それは強弁であって、話になりません。仮に公式を作ることは構いませんが、データに合わない場合は公式を変えなくてはならないのです。

三角形の面積を計算する公式は、実際に面積を測って、そのデータから簡単な公式は成り立たないのかと調べたところで、誰でも知っている底辺×高さ÷2の公式が見出されました。この公式は実際のデータに合うからこそ、正しいのです。一方、宗教で語られる「絶対神」は、データを調べた結果ではなく、最初から決め付けた結論なのです。

仏教の世界では、もっと面白い「ウサギの角」のたとえでこの間違いを説明します。ウサギの角について語りましょうと言って、ウサギに角があると最初から結論付けなくてはいけないことにしましょう。語りたい人にとっては何でも言えます。ウサギの角は短いor長い、細いor太い、白いor黒い……。こんなふうにウサギの角について語っても、「ウサギの角」という観念を前提としたところに間違いがあるので、すべて無駄話《むだばなし》なのです。データと事実が合わないからです。もし事実としてウサギの角があれば、ややこしく語らなくても簡単に分かるのです。

「私こそ絶対唯一の神を信じているのだ」と言いつつも、それぞれの宗教は互《たが》いに争っています。戦争まで起こしている。イスラム教からキリスト教に改宗したら、その人を処刑するというような法律まで作ります。そこには何ら論理は成り立っていません。イスラム教からキリスト教に改宗した人が、「私は絶対唯一の神を否定したのではなく、神の名前をアッラーからイエスに変えただけです」と言えば済む話ですが、信仰する人々にとっては、たいへんな問題になっているのです。この問題の元凶《げんきょう》は、「ウサギの角」というたとえで単純に理解できると思います。

一方、お釈迦様の方法論は、

まず事実、データを調べる。
データを調べてから、公式に達する。
公式に達してからも、さらにデータを公式に合わせて正しいか否《いな》か調べる。
それから、真理を発見したと発表する。

ですから、ブッダは絶対唯一の神について語るのではなく、生命に共通している普遍的な苦しみについて語り、その苦しみから脱出する方法を指導するのです。それもまず自分が苦しみから脱出して、解脱《げだつ》を経験してからです。だから、ブッダの教えはつねに保証済みなのです。

現代哲学は、最初から結論を出すということはありません。その代わりに数学者や科学者が発見する様々な事実に基づいて哲学しています。そこまでは正しいのです。しかし、科学は生命学ではありません。ですから、哲学者は残念なことに心については語れないし、道徳、倫理《りんり》は明確に語れないのです。

また、みなさんは、「現代心理学は心について語っているのではないか?」と思われるでしょう。ですがそれも違います。心理学で扱《あつか》っているのは、思考として、また反射として脳に起こる反応のことです。それは心の働きのわずかな側面だけに過ぎません。

心理学では感情などは正常な現象です。しかし、感情と妄想のせいで人は精神的に病気になってしまいます。感情がもたらす病理を何とか処理しようとしますが、感情について究明することはしないのです。心理学の世界では、人格を向上させるという概念はありません。完全な清らかな心、という概念もありません。いわゆる俗世間の話なので

データを調べ
2 + 3
公式にする
2 + 3 = 5
正しいか否か
調べる
発表する
号外
真理発見

す。

ブッダは俗世間から離れて(出家して)、真理を探しました。ですから、仏教から見れば、現代心理学であっても、心の研究をしていることにならないのです。

しかし、ブッダは最初からそんなことは考えていませんでした。先程述べたように、「存在の秘密とは何か」ではなくて、「存在とは何か」というように、まずデータから入っていったのです。そして、苦しみは普遍的にあり、変わらないのだと分かったのです。つまり、老い、病気、死ということだけではなく、生まれるということが大問題なのです。本当は生まれる瞬間というのは、赤ちゃんにとっては、ものすごい苦しみなのです。死ぬことと同じくらい、私たちには想像できないほど苦しいのです。みんな経験しているのに、忘れてしまっています。

では、お母さんの子宮から産道を通過して、何とか苦労して生まれたから問題が解決したかと言うと、そうはいきません。それからまた老いと病いに苦しむのです。生まれた瞬間は「これから」です。「これから良くなるんだ」と、期待し続けながら苦しんで、それが死ぬ瞬間まで続くのです。

だから、「これが普遍的な苦しみである」と発見し、また「この苦しみは精神的なことである」と発見して、「では、自分で解決してみよう」と、苦しみの問題を解決していく。その過程で、すべての生命のからくりが見えてきたのです。それはすごく具体的というか、はっきりしたことです。「神」を発見したという話ではない。「一切の存在のからくり」を発見したのですから。「存在のからくり」は西洋的な思考で言えば、「神」なのです。ブッダはそのからくりを、存在の方程式で発見したということです。それが分かれば、すべてが分かります。アインシュタインの相対性理論を知っているでしょう？　アインシュタインはあらゆるデータを調べたところで、「なるほど、こういう方程式だ」と発見するのです。アインシュタインの相対性理論も、すべての存在を説明するものです。心の存在ではなくて、物質の存在ですけれど……。

だから、データを調べてから方程式を発見する。それによって方程式が決まるのです。ブッダは「全ての存在、一切はどうやって現れて消えていくのか」と、そのからくりを知った。それを知ったということは、もうすべてを知っていることなのです。その方程式に当てはまらないものは何一つないのです。ブッダはこの方程式を見出した瞬間に、

「わかったぞ」というものすごい喜びを感じました。「わかった。存在というのは、これですべてだ。これ以上は何もないし、これ以下も何もないのだ」と。

みなさんもその方程式を知っておけば簡単です。宇宙のすべての存在のからくりを説明する方程式ですから、すごく難しいと思うでしょう？　でもそんなことはありません。アインシュタインの有名な特殊相対性理論に関する方程式 $E=mc^2$ は、E（エネルギー）と、m（質量）と、c（光の速度）で表わされます。これは物質の説明ですね。本人も、これでは足りないと思ってはいたのですが、未《いま》だにそれに置《お》き換《か》わる方程式は誰も作っていません。$E=mc^2$ だから単純でしょう？　そういうふうにブッダもある方程式をみんなに、これですよ、と教えたのです。特許を取ろうとは思わず、何ひとつも秘密にすることなく、何でも堂々と言ったのです。

因果法則こそが存在の方程式

それでは、ブッダの発見された方程式とはどのようなものだったのでしょうか？

全ての存在の秘密を解読するこの方程式は、因果法則、因縁論と言われるものです。

そう言ってしまうと、大人は「ああ、何だそんなことか」とバカにします。だから、子どもにしか分からないのです。ブッダの方程式は、次の四行です。

「これがあるときは、これがある」
「これがないときは、これもない」
「これが生まれると、これも生まれる」
「これが消えてしまうと、これも消えてしまう」

たったこれだけです。
「これ」に記号を入れて置き換えれば、

「aがあるときは、bがある」
「aがないときは、bもない」
「aが生まれると、bも生まれる」

「aが消えてしまうと、bも消えてしまう」

となります。

このとき、「aがあるときは、bがある」というだけでは足りません。それを証明するために、「aがないときは、bもない」に従って初めて、「aがあるときは、bがある」ことが確定されるのです。二番目のセットでも、「aが生まれると、bも生まれる」が正しいと証明するために、「aが消えてしまうと、bも消えてしまう」ということが必要になる。

そうやって、数学的に方程式が成り立っています。それを生命、人間の苦しみなどいろいろなところに応用してみせるのです。だから、この方程式を自分で発見すると、「一切を知った」ことになるのです。

真理を悟《さと》ったブッダの喜び

ブッダは、この宇宙の秘密たる因果法則を悟ったことで、この上ない喜びを感じました。それまで抱《かか》えていた、全ての疑問に対する答えを発見したからです。同時に、心の悩みや苦しみも二度と生まれないように消え去ったのです。

「神」というと、わけが分からないでしょう？　ですが、「因果法則」といえば、すごく具体的でよく分かるはずです。因果法則で説明できないものは何一つないのです。だから、仏教では奇跡《きせき》や偶然《ぐうぜん》などは成り立ちません。何が起きてもそれなりの原因があって起こるからです。一般的に言う偶然だ、奇跡だ、という言葉の意味は、言っている本人が原因を分かっていないからです。

例えば、三時に駅の前で人と会う約束をして、時間通り三時にその人に会うことは、偶然とも奇跡とも言いません。また、事故《じこ》を起こして車が潰《つぶ》されたのに、そのショックでドアが開いて自分も外に放り出されて助かったときは、「奇跡だ」と言いますね。でも、奇跡で自分が助かって、シートベルトで身を固めていた運転手が死んだことはどう説明しますか？

一切は因縁によって成り立っています。この真理を私たち一人ひとりが発見すれば、心が苦しみから解放されます。

「これがあるときは、これがある」「これが生まれると、これも生まれる」。ということで、生命の苦しみの因果法則を語って、ブッダは自分の喜びを表現するのです。

ブッダの教えを軽視しようとする日本の仏教学者の方々もみんなまとめて、「これはすごく古い言葉で、ブッダ自身の言葉としか言いようがない」と認めている有名な偈《げ》があります。「これがあるときは、これがある」「これが生まれると、これも生まれる」という生命の苦しみの因果法則を発見したブッダが、自分の喜びを表現された詩（偈《げ》頌《じゅ》）のことです。この詩はブッダの本当の言葉として、すべての仏教研究者が異論なく認めています。

熱心に修行する者に、
ダンマ（物事、全てのもの）が顕《あら》わになってくる。
因縁法則を発見する者に、
一切の疑が消え去る。

熱心に修行する者に、
ダンマ（物事、全てのもの）が顕《あら》わになってくる。
因縁が滅する過程を見る者に、
一切の疑が消え去る。

熱心に修行する者に、
ダンマ（物事、全てのもの）が顕《あら》わになってくる。
死の苦しみを破《やぶ》る、
暗闇《くらやみ》を破り輝《かがや》く太陽の如《ごと》く。

（ウダーナ　一偈から三偈）

真理が顕わになってくるとは、「ああ、こういうことだ。これはこうなのだ」と見えてくることです。真理を見るということは、すごく修行しないとできるものではありません。しっかりと物事を見ないとわからない。固定概念をもって見るということでは、ブッダからすれば、もう絶対、真理には至らないのです。

「知り得る能力」を失わないで

因果法則はどこにでもあるものです。この世にあるすべてのものは因縁によって現れているのです。それなのに、私たちが因果法則を理解できないというのは不思議です。それは、砂浜にいて砂のなかにもぐりこんでいる人が、砂のことは全然わからないと言っているようなものです。

私たちはありのままに物事を観察しません。誰かの教えの立場から、科学の立場から、心理学の立場から、神様に言われた言葉の立場から、などなどの何かの立場に基づいて考えています。例えば、ある人が自分に微笑《ほほえ》んで挨拶《あいさつ》したとしましょう。「やさしい人だなあ」と理解すればいいのですが、自分の友達から、「その人は他人を騙《だま》す」と聞いたことがあるとします。その時は、友達の言葉の立場からその人を見て、「この人は微笑んで人を騙すのだ」と認識します。

人間は何かの立場がないと認識できないのでしょうか。美術館で芸術を鑑賞《かんしょう》するとき

でも、分厚いパンフレットを読んでそれを書いた人の立場から観賞します。その人がすごいというならば、作品はすごい。駄作というならば、自分にとっても駄作になります。「みんな言っているから」という言《い》い訳《わけ》を私たちはよく使います。しかし、みんな言っているからと言って、事実・真理にはならないはずです。

このように、私たちには真理を発見できないハンディがあります。そのハンディは「固定概念」という言葉で表すことができます。この固定概念が積み重なっていくと、知る能力が失われて無知のまま人生が終了《しゅうりょう》するのです。

大人と子どもの違うところは、その「固定概念」の有無にあります。固定概念でしか見ることのできない大人は、完全に無知で、頑固《がんこ》で頭が悪いのです。子どもはまだたくさん「知らない」だけのことで、固定概念は少ないので、頭の柔軟性《じゅうなんせい》と「知り得る能力」を失っていません。大人になるということは、何かを知るわけではなくて、「知り得る能力を失うこと」なのです。

子どもは大人になる過程で、教育と称していろいろ固定概念ばかり叩《たた》きこまれます。そうして「知り得る能力」を失ってしまうのです。その後は、「○○の立場」から物事を見るようになります。

子どもが世の中のこと、自分のことを知っているわけではないのですが、「知り得る能力」だけは持っています。能力を持っているから、固定概念なしに、データをそのまま受け取ってしまう。だからこそ、飼っていたペットが死んでしまったら、純粋《じゅんすい》に悲しみを感じるのです。少々大きくなったところでペットが死んでも、愛する者との別れの悲しみを感じることがなくなってしまう。死んだ者を捨てて、別なペットを飼ってくれと親にねだるようになります。知識が増えると同時に、生きるうえで起こる楽しみも、悲しみも、他の面白さも消えてしまうので、けっこう損をすると思います。この「知り得る能力」を失って、「何くだらないこと考えているの？」という固定概念で生きていこうとすることは、大変な損失です。

だから私たちは「知り得る能力」を取《と》り戻《もど》すために、「ただありのままに見る」というところに戻らなければいけません。事実を「見たくない」という今の状態から、「やっぱり見てみようかな」というところにまで戻らなくてはいけないのです。これができないから、様々な問題に遭遇《そうぐう》しても、解決方法を見出せず大変苦しんでいるのです。

ブッダがおっしゃっているのは、「みなさんは知り得る能力を失っているのだから、そこを何とか治して、能力を取り戻してください」ということです。能力を取り戻すといっても難しいことを言っているのではありません。ただゴチャゴチャした自分の固定概念を捨ててしまえば、随分《ずいぶん》シンプルに智慧が現れてくるのです。真理そのままがジリジリと、「あ、こういうことか」と見えてくるのは、固定概念がない人なのです。

だから、しっかりと集中して物事を「ありのまま」に見ようとする人には、そのまま真理が見えてくるということです。では、見えてきたらどうなるのでしょうか。

「すべての物事は因縁により生まれると知って、
彼のすべての〝疑〟が消えてしまう」

一切の存在の秘密を発見すると、どのくらい楽しいと思いますか？　存在のカラクリが、「なあんだ、これか」と分かるなら、何一つ「疑」というものは残らないのです。一切の疑が消えたということは、「一切を知った」ということです。そうすれば、「もう何の疑問もない」のです。

これこそ、ブッダが説く「悟《さと》り」の表現です。つまり、これは「もう悟りました。もう問題はない」という意味なのです。もうこれっきり、悩みも、苦しみも、悲しみも、「まだまだこれからだ」という期待も、何もかもなくなったということです。

真理を知れば「疑」から解放される

ブッダは、「真理を知ることが幸福であり、真理を知ることが苦しみをなくす道である」と説かれています。他のどんな方法をやって試してみても、「苦しみがなくなる」

という結果は得られません。ブッダの道を歩むことによって、「疑」がなくなるのです。「疑」というのは、「何だろうか?」という「疑い」のことです。「疑」がなくなると、この上ない喜びが生まれてきます。「私はこれからどうしようか?」という疑問・迷いはもう出てこなくなります。「私は一体どうなるのでしょうか?」という不安もなくなるのです。文字通り、もう一切の「疑」がないのです。

人間に考えられるいかなる問題——悩みも、苦しみも、期待感も、「疑」がない人には成り立ちません。それが本当かどうか知るために、皆さんに疑問、質問、悩んでいる問題があるならば、あれこれと出してみればいいと思います。「因果法則を知っている人」は、本当にすべてを解決できるのかと、試してみることです。

みなさんも、「ブッダにも答えられないことがあるだろうか?」と、これからどんどん疑問、質問を出してみてください。

仏教はいつでもオープンチャレンジです。

第三章　ブッダ心理学、基礎《きそ》の基礎――心とは何か？

仏教は「智慧《ちえ》を開発する道」

ここでは、ブッダの説かれた「ブッダ心理学」について、その基本的な考え方をお話ししたいと思います。

改めて仏教とはそもそも何なのでしょうか？　一言で定義するならば、仏教とは、「智慧を開発する道」ということになります。歴史的に存在したお釈迦様《しゃかさま》（釈迦牟尼《しゃかむに》）のことを、我々《われわれ》は「ブッダ」と呼んでいます。前章でも少し触れましたが、その意味は「智慧を完成した人」「知るべきものをすべて知っている者」です。「一切智者」つまり「すべて知っている人」という仏教語がありますが、これはブッダの特性を表したものです。

実はキリスト教の神様も「自分は一切智者だ」と言っていますし、イスラム教の神様も「自分が一切智者だ」と言っています。しかし、『聖書』を読んでみても『コーラン』

を読んでみても、神様のすることは失敗だらけなのです。自分で創造した人間がとんでもない失敗作だったばっかりに、いつもカリカリ怒《おこ》って、出来損《できそこ》ないの人間を脅《おど》したり罰《ばっ》したりしなくてはならないのです。

それに比べると、ブッダは生涯《しょうがい》を通じて穏《おだ》やかに暮らしていました。ブッダは智慧の完成者として、いつでも「私が言うことに何か間違《まちが》いがあるならば、どうぞ挑戦《ちょうせん》してみてください」というオープンな姿勢でいました。挑戦してくる人がいたならば、見事に疑問を氷解させて、相手を信服させて見せたのです。これは、全知全能の神様にもできなかったことです。神様が大洪水《だいこうずい》や疫病《えきびょう》や天変地異を起こして、脅して罰しても、全然言うことを聞かなかった人間たちを、ブッダはちょっとした問答をしただけで心の底から信服させることができたのです。

どんな敵対的《てきたいてき》な立場の人でも、一度でもブッダと話をするとガラッと変わってしまう。喜んでブッダに帰依《きえ》して、仏教徒になってしまったのです。それを目《ま》の当たりにした同時代の宗教家たちは、「ブッダは魔術《まじゅつ》を使うのだ」と恐《おそ》れました。「一切智者」たるブッダの智慧の力は、それほど強烈《きょうれつ》なインパクトがあったのです。

一人ひとり違うのにどうやって「一切を知る」の？

ブッダは智慧を完成した「一切智者」であり、仏教は「智慧を開発する道」です。とは言っても、歴史上存在したブッダは、結局は人間でした。人間は一人ひとり、みんな違うものです。自分と他人が一人ひとり違うならば、「全部知っている」ということはあり得ないではないか、と思うかもしれません。ですが、ブッダはその問題を解決したのです。

確かに、私たちは「自分の世界」しか知りません。それは「主観」とか「私見、私の意見」と言われるものです。その「主観」によって、私たちは大きな間違いを起こしてしまいます。

例えば、みなさんは「おにぎりって超《ちょう》おいしい」と思っているかもしれない。そう思っているときは、「それが正しい」と思っているのです。だから、「だって、おいしいんだもん」とか言うのでしょう？　でも中には、「おにぎりは大嫌《きら》い。超マズイ」と思う人もいるかもしれません。二人とも、違った「主観」を持っているからです。お互《たが》い話し合うことになると、ぶつかったり喧嘩《けんか》したり、なかなかうまくいかない。「では、いったいぜんたい、おにぎりって何？」「どんな味なの？」という誰《だれ》にも反対できない何かが、あるはずなのです。

ブッダはこの「主観」の問題を見破《みやぶ》ったところで、「一切智者である」と宣言されました。それは説明するとかなり難しくはなりますが、「主観」の問題を見破ると、心はかぎりなく自由になるのです。

自分を知る者は一切を知る

「なぜ人間に、すべてを知ることができるのか？」という問いに、別の角度で迫《せま》ってみましょう。

私たちは宇宙の一部です。みなさんも宇宙の生態の一部であって、何一つ欠《か》けているわけではありません。そうであれば、すべてを知ることができないはずがない。むしろ、知ることができて当たり前でしょう。

例えば、海がありますね。海は巨大《きょだい》ですが、海の水の一滴《いってき》一滴は同じ海水でしょう？

だから、私たちが宇宙の一部であるならば、一切を知り得ないわけではないのです。自分の主観・自分の殻《から》を作って、「宇宙のことをすべて知ってみよう」と思っても、それは無理です。そうではなくて、自分自身を知ることで、すべて知っていることになるのです。自分自身を知ることが、世界を知ることに繋《つな》がるのです。

わかりやすいたとえで説明しましょう。

自分が誰かにイヤなことを言われると気分が悪いでしょう？　それならば、犬も同じなのです。犬もイヤなことを言われると気分が悪いのです。また、自分が誰かに殴《なぐ》られたら気分がいいわけではない。腹が立ちます。では、犬を殴ってみてください。犬も同じく腹が立つのです。

他にも、例えば自分が誰《だれ》かに嫉妬《しっと》するとします。嫉妬すると、どんどん心が暗くなってしまい、周りのみんなに嫌われていったりする。それで、他の人が自分のことを嫉妬しているのがわかると、「あんな嫉妬深い人とは付き合いたくない」と、その人のことがイヤになっていくのです。

そういうわけで、自分を理解することで、普遍的《ふへんてき》な真理をひとつひとつ発見でき、「心の真理」というものがだいたいわかってきます。仏教には真理を発見するためのしっかりした方法・プロセスがありますが、それは現実社会のものの見方とはずいぶん違っています。

「認識」という生命の共通項

「一切智者とは何か?」「本当にすべてのことは知り得るのか?」という問題について、もう少し説明する必要があります。ここで、私たちはどのように世界を知っているのかを、科学的に考えてみてください。

まず、目があって、目で見ている。耳があって、耳で聞いている。鼻があって、鼻でにおいを感じている。舌《した》があって、舌で味を感じている。身体があって、身体でいろいろなものを触《さわ》ったりしています。そういう五感で得られる情報に基《もと》づいて、「世界がある」と頭の中でイメージを作るのです。

他にも知る方法はあるのかと探《さが》してみても、「ない」のです。目が見えなくなると、耳が聞こえなくなると、それで巨大な世界が消えてしまう。ただ触るだけの世界、においだけの世界になってしまいます。見る・聞く・嗅《か》ぐ・味わう・触《ふ》れる、それらがひとつずつなくなってしまうと、世界のすべてがなくなってしまう。「存在」さえも、「自分がいる」ということさえもなくなってしまうのです。

だから、目でいろいろなものを感じると「自分がいるのだ」という感じが生まれ、耳で何かを感じると「自分がいるのだ」という感覚が生まれるのです。

それは、どんな生命でも同じことです。「そういう認識するチャンネルが五つあって、頭の中で処理している」ということは生命に共通しています。まずそのことを勉強してください、とブッダは教えているのです。

私たちの「知っている」はいい加減

みなさんが間違ってしまうポイントがあります。

例えば、私たち人間が、望遠鏡や人工衛星といった、いろいろな機械や道具を使って宇宙のことを観測します。私たち人間は、「宇宙は広大無辺だ」とか「きりがないほど大きい」などと、勝手に思っています。しかし、みなさんが飼《か》っている猫《ねこ》は、そう思っていません。「どちらが正しいか」というと、「どちらの見方もたいしたことはない」のです。

人間は自分の目に入った情報を頭の中で処理しただけのことで、猫も同じく自分の目に入った情報を頭の中で処理しただけのことです。だから、目を通して「すべて知ってやるぞ」と思っても、これは難しいのです。本当は知り得ないのです。

なぜなら、「目」自体が信頼《しんらい》できないからです。私たちは一本の花を見ると「なんてきれいな花でしょう」と思ってしまいます。猫が花を見ても、あまり色も識別できませんから、「おもしろくないなあ、これは」ということになる。しかし、猫の前で花を振《ふ》って動かすと、「おお、おもしろいぞ」と跳《と》んでくるのです。それは「花がきれいだから」ではなくて、猫の世界では「動くものには跳びかかる」のが常識で、「それが楽しい」という考え方があるからなのです。

私たち人間は、花を振ったら「そんなことをしたら花が潰《つぶ》れるじゃないか。いい加減に止《や》めなさい」と思ったりしますが、猫はそれを楽しがる。だから、「同じ花」を見ても、猫は猫の世界で、鳥は鳥の世界で、ミツバチはミツバチの世界で「花」を見ていて、人間は人間の世界で「花」を見ているのです。だから結局は、目で見ていても、見た認識自体がいい加減なのです。

それでも人間というのは、「自分が知った世界こそが正しい」と思って、猫や犬をバカにする。猿《さる》もバカにして、「猿なんか何も知っているわけではない」とタカをくくっています。しかし、猿は猿なりに巨大な世界を知っているし、犬は犬なりに自分の世界を持っているし、人間は人間なりに自分の世界を持っているのです。そういう生命の法則を発見することで、すべてのことを別にどうということなく知ってしまうのです。

だから「一切智者」とは、人間の主観で「百年前のこと、千年先のことを知っている。未来を予言できる」というくだらない能力ではありません。百年先のことではなくて、一分先のことさえ人間はわからないのです。過去のことはいくらか覚えていますが、うろ覚えでやがて全部忘れてしまいます。

一切智者とは、「いまを完全に知っている」という意味なのです。

物質は変化し続ける

「自分自身を知ることで、すべて知っていることになる」とお話ししました。「自分自身を知る」ということは、世の中にあるような「自分探し」とはちょっと見方が違います。

仏教では一切の現象は変化し続けている（無常）、「変わらない存在」はない（無我《むが》）、ということを教えています。「自分自身を知る」というのは、この無常と無我をしっかり理解することなのです。少しだけ本筋から外れるかもしれませんが、せっかくの機会だからそれを少し説明したいと思います。

例えば、物質が「消える」ということはあり得ません。物質は決して消えませんが、「変わる」のです。みなさんは、ビッグバンについて聞いたことあるでしょう？　ビッグバンによって宇宙が誕生《たんじょう》して、今もどんどん宇宙は広がって膨張《ぼうちょう》しています。しかし、やがて宇宙は収縮して潰れてしまうのです。潰れて、空の状態になって、そこからまた宇宙が現れてくるのだと言われています。

また、私たちは毎日水を飲んでいます。飲んだ水は消えてしまいますが、完全にきれいさっぱり消えたというのではなく、別なものに変わっていくのです。他にも、紙一枚を燃やすと、その紙は二度と元に戻《もど》りません。でも、きれいさっぱり消えたということでもないのです。紙が燃えることで二酸化炭素になったり、灰になったりする。灰を見ると、紙とはまったく別物です。誰かに灰を見せて「もともと、これはどんな紙ですか？」と聞いても、解《わか》るはずもないのです。

このように、私たちが知っている物質の世界も限りなく変化し続けているのです。

「生きている私」も変化し続ける

後ほど詳《くわ》しく触れますが、「生きている」生命は、物質とはまったく違った機能を持っています。「生きている私」は、ただの物質の塊《かたまり》ではありません。物質の塊であるなら、みなさまの前にあるこの机と、自分たちは同じはずです。しかし実際には、机と私は微《び》妙《みょう》に違うのです。

生きているということは、それ自体すごいエネルギーなのです。この机は何もしませんが、みなさんは、喋《しゃべ》ったり、歩いたり、泣いたり、笑ったり、寝《ね》たり、ご飯を食べたり、いい加減にいろんなことをしているでしょう？　そういうエネルギーが消えるはずがないのだ、と仏教では教えています。

私たちが「死ぬ」と言っているのは、ただ「身体が壊《こわ》れる」ということであって、それだけで生きている心のエネルギーがストップするわけではありません。エネルギーの流れは止まらないのです。

例えば、小さな子どもの頃《ころ》の自分と、今の自分は、すごく違うでしょう？　あと五年経《た》つとまったく違っているはずです。五年前の人生を振り返って、「なんて恥《は》ずかしいことをやっていたのか」と笑ってしまうことでしょう。年を取って私たちくらいの年齢《ねんれい》になると「昔はよくバカなことをやったものだな」と思ったりします。

そうやって、今の自分さえも、「生まれ変わっている」のです。人間だけではなく、「すべてのものごとは消えることなく変化している」のです。仏教でいう輪廻《りんね》という現象は、他宗教のような「魂の引越し」ではなく、心のエネルギーが変化し続ける流れのことです。変わらない自分の魂が輪廻の旅を続けて成長する……というようなロマンティックな話ではありません。

ですから、「私は死んだらどうなるのか」というと「どうにもならない」のです。私は今も死んでいます。今も死んで別の人間になっているのです。だから、「これが私です」と言うことはできません。

今、私たちが水を一杯《いっぱい》飲んだら、その水は身体の中に入っていって、それから身体から出て行ってしまいます。それからどこに行くかわかりませんが、水は消えたわけではない。しかし「これは私が飲んだ水だ」と特定することはできません。

そのように、我々も死んでからまた再生すると教えています。しかし、輪廻という流れのなかで、「これが私だよ」とは、なかなか言いにくいということです。

自分とは「いる」という「気分」のつながり？

身体は絶えず変わりますが、何か「ずうっと自分がいる」という気分があります（ただの「気分」ですけれど……）。心はノン・ストップで回転して変化していきますから、瞬間《しゅんかん》、瞬間、違うのです。

例えば、親と喧嘩《けんか》する自分と、親のことを大好きだと思う自分は、ずいぶん違います。まるっきり別人です。誰かと喧嘩する自分と、誰かと一緒《いっしょ》に仲良くごはんを食べている自分も別人です。だから、私たちはひとコマひとコマ、瞬間、瞬間、別人になっていいま

す。別人なのですが、それを「繋げている」のです。曜日と同じです。木曜は木曜で、金曜は金曜で、まるっきり同じわけでもない。しかし、それを繋げていくのです。では、繋げているのは誰なのか、といっても何もない。ただ「繋げていく」だけです。

他にも、川は「繋げている」でしょう？　同じ川は二度と見られません。川は流れるのだから、ひとつ消えたらその代わりに別のものが現れるのです。「川がある」と思ったら、川に名前を付けて「昔から○○川はありましたよ」と言いますが、一瞬でも同じ川ではないのです。電気を見ても同じです。電子が一個一個、流れて消えていくのです。もう二度と戻りません。私たちはそれを見て、ただ「電気がある」と言うだけです。

私たちの身体も同じことで、ずうっと変わっていきます。

ずうっと変わっているものをただ繋げて、「身体」と呼んでいるだけなのです。

先程もお話ししたように、紙を燃やすと灰になってしまいます。ですが、その流れは繋がっています。「紙を燃やしたら砂になる」ということはあり得ないし、不可能です。「紙を燃やしたところでお菓子《かし》の飴《あめ》になりました」ということもあり得ません。

また、今あなたがすごく怒っているとします。怒っている心はすぐに消えます。しかし、怒った心が消えた次の瞬間に、ニコニコ笑うことはできません。同じように、今あなたがすごく泣いているとします。泣く心はすぐに治ります。しかし、泣いている心が、次の瞬間に突然《とつぜん》アハハと笑うということはないのです。

心が繋がっていく場合は、そういう法則があります。泣いている人が笑うまでにはプロセスがあります。泣いていた人がだんだん泣きやんで、つまらなくなってきて、「何かしようかな」となる。そこで誰かがおもしろいことを言っているのを聞いて、「何かおもしろそうだな」としばらく待っていて、それから笑うのです。

私たちは、いつでもそうやって心の流れを繋げています。仏教では、その「繋げていくこと」を「因果法則」と言うのです。法則だからわかりやすいし、発見しやすいのです。怒ると、次にすごく気持ち悪くなったり、身体の調子も悪くなるということは、法則だからもう決まっているのです。やさしい心でいると、すごく楽しくなってくる。身体も軽くなって自由に動くようになって、みんなと仲良くなれたりする。

このように、心がどのように繋がっていくかということは、法則的に決まっています。

自分が自分であることの証《あか》し

結局のところ、「自分、自分というけれど、それがいったい何?」ということなのです。

例えば、冬なら教室の中は暖かいから気分がいいですが、外に出たら寒くて、すごくイヤな気持ちになってしまいます。誰かがうるさく泣いていれば、「うるさいなあ、気持ち悪いなあ」と不快に思ってしまう。「自分」というのは、そうやって、「その時その時の環境によって生まれる反応」なのです。だから、手術で麻酔《ますい》をかけた時は、「自分がいる」ということもわからなくなっています。

私が言いたいことは、「自分が間違った反応をしてしまうと、次はすごく悪い結果になる」ということです。だから、常に明るく正しい心の反応をしておけばいいのではないでしょうか。大切なのは、「自分探し」をすることではなく、その瞬間その瞬間で、やるべきことをやることなのです。

では、間違った心の反応と、正しい心の反応は、どうやって判断すればいいのでしょうか。

それも簡単です。自分が幸福か不幸かという基準で決めればいいのです。

幸福か不幸か、という基準はきちんとあります。人間というのは、何を楽しく感じて、何をおもしろく感じるのか、ということも法則によって決まっています。だからいつでも、「心は元気に回転しているだろうか、それとも、ガタガタと回転しているだろうか」とチェックするのです。心が明るく元気に回転していると気分がいいものです。それを「幸福」というのです。

「自分」あるところ問題あり

西洋の社会では「自分がいる」という、しっかりした固定概念《がいねん》を前提にすべてが始まります。西洋の強い影響《えいきょう》を受けた現代の日本でも、同じように「自分がいる」が前提になっています。

それに対して、仏教は、「もともと自分という実体はない」という態度です。それどころか仏教では、「自分がいる」という考え方が「すべての問題の始まりだ」とまで言います。「自分がいる」と思うから、他人と喧嘩することも、敵と戦争することも絶えないのです。ですから、人間が抱《かか》える問題を解決するために、「自分とは何か?」ということを勉強してください。勉強して理解すると、「もともと何もない。その時その時の反応である」ということが解《わか》って、すごく自由になるのです。過去のことでゴチャゴチャ悩《なや》んだり、将来が不安で悩んだりとか、そんなことはどうでもいい。「今をしっかり生きればいい」ということが理解できるのです。

みなさんは、誰かから「水を一杯くれませんか」と頼《たの》まれると、「なんで「私が」あなたに水をあげなくてはならないんだ」とか、「あなたが勝手に取ればいいじゃないか」とか思ったりするでしょう? でも、そんなことは考えずに、「はい、どうぞ」とあげれば済む問題なのです。「なんで「私が」……」「なんで「私に」……」「なんで田中さんじゃなくて「私」なのか……」といった面倒臭《めんどうくさ》いこだわりは、「自分がいる」という立場から出てくるのです。それがなければ、「水を一杯ですね。はい、どうぞ」と、何のこともなく事は運ぶのです。

人生を短い単位で分けてみる

それから、人生をいまの一秒ぐらいの短い単位で見てみると、すごく気楽に何でもできるようになります。

例えば、「私はたいへん難しい勉強をしなくてはいけない」と思っていると、できなくなります。「私は試験に合格しなくてはいけない」と思《おも》い込《こ》んでしまうと、とてもストレスが溜《た》まります。そうではなくて、「今、何をやればいいだろうか」と今の一秒で、一分間で、やれることだけやれば、超楽ちんでしょう? 大きく見ると難しい勉強でも、一分間やるだけだったら別に難しくありません。一ページぐらい読んで理解するだけなら、どうということもない。それが終わったら、次の一分で「二ページ目だけ勉強してみるぞ」というふうに切り替えれば、難しい問題も楽にこなせるのです。

また、試験というのは、試験会場で解答用紙が配られて「はい、始めてください」と言われた時からが試験ですね。ですから、その時、目の前にある問題に答えればいいのです。「ああ、もっと勉強しておけばよかった」とそこで悩んでいたら、答える時間がなくなってしまいます。

だから、「自分というものはもともと、ないのだよ」という態度でいれば、生きやすいのです。失敗もしません。もちろん、「自分がない」というのは、「自分の意見がない」とか、「自分の意志がない」ということとは違います。人はいつでも、「その瞬間でどうすればいいか」と判断しなくてはならないのですから。

「自分がない」というのは、ロボットのように生きることではありません。外に出たら「右に行くのか、左に行くべきか」ということは判断しなくてはいけません。つまり、その瞬間その瞬間で、やるべきことをやるだけです。例えば私は今、みなさんと向き合わなくてはいけないから、一所懸命《いっしょけんめい》に向き合っています。でも、それを終えた途端《とたん》、全部忘れてしまいます。なぜって、その時にはもう別の仕事があるのですから……。

心の発見——死体と自分はどこが違う？

では、これからブッダ心理学を学ぶために、一緒に「心」を発見してみましょう。

現代人は心理学が大好きで、まるで宗教のように信じていますが、「心とは何か？」ということは全然わかっていません。これは大変なことです。「心」がわからなければ、心理学そのものが成り立たないはずだからです。

仏教では、「科学的にものごとを定義しないで好き勝手に話してはいけません」と口をすっぱくして言います。だから、「心とは何か？」についても、ブッダははっきりした定義をしています。

それではここで、みなさんに課題をひとつ出します。

みなさんの前で、突然、人がひとり死んでしまったとします。実験してみたいのですが、それでは犯罪《はんざい》になりますから、推測でやりましょう。

自分の目の前で人が死んだとする。みなさんは死んでない、生きているのです。この自分の前にある死体と、自分とでは、何が違うでしょうか？「自分の前に死体がある」とはっきりイメージして、出てきた答えをリストアップしてみてください。

できましたか？

私が作ったリストを見ながら、答えあわせをしてみましょう。

最初に、

・私は心臓《しんぞう》が動いている。死体は心臓が動いていない。

・私は呼吸《こきゅう》している。死体は呼吸していない。

それぐらいは、簡単にわかると思います。でも、もっと単純な、誰にでもわかる答えが必要なのです。

・私は笑ったり泣いたりする。死体は笑ったり泣いたりしない。

これは誰にでもわかりますね。他にもあるでしょうか？

・私はしゃべる。死体はしゃべらない。

・私は反応する。死体は反応しない。

・私は脈がある。死体は脈がない。
まだ足りません。一番大きな違いですが、みんな忘れていることです。
・私は動く。死体は動かない。
そう、死んだら動かないのです。もっとも大きな違いは、「動かない」ということなのです。顕微鏡《けんびきょう》でアメーバなどを観察して「生きているか／いないか」をどうやって調べるのかというと、まず、「動いている」なら「生きている」と判断するのです。しかし、まだ、大きなことを二つ忘れています。
・私は体温が一定している。死体は体温がどんどん低くなる。
死んだばかりの時は、まだ温かいですが、見る見るうちに体温が低くなっていきます。
最後に残った答えは……
・私は食べる。死体は食べない。
死体は食べない、ということはすごく大事なポイントです。死体に栄養を入れても受けとらないのです。だいたいこれくらいのことは、証拠がなくてもはっきりとわかる違いです。

間違った答えの例

このように、ものごとは見てすぐ解らなければダメなのです。よく、間違った答えを出す人がいます。もしあなたのリストにあったら、バツ印をつけてください。「死体と自分の違いは何なのか?」と言うと、「死体は生きていない」と答える人がいます。「生きているって何なのか?」と聞いているのだから、そんな答えは大雑把《おおざっぱ》でいい加減です。正しくないし、科学的ではありません。

また、ある人は「死体は考えない」と答える。冗談《じょうだん》ではありません。どうやって、それを知るのでしょうか。もしかすると考えているかもしれないし、それは見ても解らないのです。

「死体には心がない」という答えももちろんダメです。「心とは何か?」と勉強しているのですからね。

そういう答えは全部、目の前の死体を観察して出てくる答えではないのです。ただ頭でぼんやり考えた妄想《もうそう》に過ぎません。しかし困ったことに、みなさんの多くは、そういう間違った答えを勘違《かんちが》いして正しいと思い込んでいます。特に宗教と哲学《てつがく》の世界では、堂々とそういう間違いを犯《おか》しています。

例えば、「人間に魂《たましい》はあるのだ」と証拠《しょうこ》もなしに言っています。あるのなら見せてくれ、とお願いしたいところです。宗教家の方々は、「神様が人間を創造した。だから神様の御心《みこころ》のままに生きないといけません」とのたまう。神様に「魂を作ってください」と誰も頼んでいないでしょう? 「人間は神様が造った」と聞いた途端、どうして頼んでもいないことをやったのか、と疑問に思わなければならないはずです。

生きることは「自己責任」

神様どころか、親にも「自分を生んでくれ」とは頼んでいません。自分は自分の責任で生きていかなくてはいけないのです。親というものは、「あなたは一人で独立して、しっかり生きてください」と願っています。とにかく「生んでくれ」と親に頼んでないことは、確かです。ということは、「自分が勝手に生まれた」ということです。生きることは「自己責任」です。よく覚えておいてください。

だから、いい人間になるか、成功する人間になるか、ということは自己責任です。自分が罪を犯したところで、親が刑務所《けいむしょ》に行くことはないでしょう？　自己責任だからです。勉強をするのもしないのも、自己責任です。親の責任というのは、子どもが何もできない時期に育てることです。まだ小さい時は、子どもはお箸《はし》も使えません。親はそれを一所懸命教えてあげる。ごはんを作ってあげる。お風呂《ふろ》に入れてあげる。服を買ってあげる。泣いていたらなぐさめてあげる。夜、寝る時は絵本でも読んであげる。そうやって一所懸命に助けてくれる。子どもがよく「疲《つか》れたよう」と座《すわ》り込んでストを起こすでしょう？　そのときは親も疲れていますけれど、抱《だ》っこしてあげる。みなさんに必要なものは、全部出してあげたりする。親の仕事はそれだけです。

でも、これからもっと真剣《しんけん》な勉強に入りますから、ここでは親のことは忘れて下さい。

証拠《しょうこ》無用の「生きている」リスト

次のようなリストができました。これらの項目《こうもく》には、証拠はいりません。

・私は心臓が動いている。死体は心臓が動いていない。
・私は呼吸している。死体は呼吸していない。
・私は泣いたり笑ったりする。死体は笑ったり泣いたりしない。
・私はしゃべる。死体はしゃべらない。
・私は反応する。死体は反応しない。
・私は脈がある。死体は脈がない。
・私は動く。死体は動かない。
・私は体温が一定している。死体は体温がどんどん低くなる。
・私は食べる。死体は食べない。

これは「生きているか／いないか」というリストになります。このリストを持っていれば、「死体と自分では、何が違いますか?」と聞かれて、「死体は生きていない。私は生きている」と答えてもいいのです。リストもなしに言っているなら、その答えではチンプンカンプン、いい加減なことを言っていることになります。

また、死体を観察して、「目があっても見えない」ということは推測できます。しかし証拠はありません。例えば、目に強烈《きょうれつ》な光を与《あた》えてみる。死体は全然平気でしょう？　死体にいろいろとヘンな顔を見せてもまったく反応しない。それで私たちは、やはり見えないようだと推測する。同じように、死体の耳元でありったけの悪口を言っても、「あなたは世界一格好いい人だ」と賞賛《しょうさん》しても、死体は無反応です。それで私たちは、「聞こえないのだろう」と推測する。

「見えない・聞こえない」は推測です。そんな大それた推測ではありませんが、正しいのです。だから、「目はあるが見えない。耳はあるが聞こえない。舌はあるが味わえない。鼻はあるが嗅げない。身体はあるが触っても感じない」と言うことができます。

生きている間は燃料を燃やし続ける

それから大事なポイントは、「体温」です。

私たちはずうっと燃料を燃やしています。一方、死体は燃料を燃やすことをきれいさっぱり止めるのです。私たちが「寿命《じゅみょう》」としているものを、仏教では「体温」だと言っています。

私たちには、燃料を燃やすための何か火種のようなもの、食べたものを消化するエネルギーがあるのです。それは年を取ると弱くなっていきます。みなさんは何を食べてもすぐにお腹《なか》が空《す》くでしょう？　私のような年寄りになると、何か食べるとそれで一日中お腹が空かないのです。食べ物が身体の中で燃えるスピードがすごくゆっくりだからです。燃料を入れてもなかなか燃えませんから、おにぎり一個食べれば一日いられます。そして、やがてまったく燃えなくなって、死んでしまうのです。

食べ物が燃えないと、体調が悪くなります。それで調子が悪くなって疲れてしまって、「ああ、イヤだ」と思ったりする。若いみなさんはそうではありません。おにぎり一個どころか、五個でも六個でも何のことなく食べられるでしょうし、そう簡単には疲れません。だから仏教では「寿命」のことを「体温」と言うのです。生きているうちに、この体温がどんどん減っていきます。寿命・体温が減り続けて、ついに消えたら、そこで「死」を迎《むか》えるのです。

自動車でも、きちんとエンジンをかけてガソリンを燃やさないと、ガソリンが満タンであっても動かないでしょう？　人間が死ぬということは、「燃料が燃えなくなってしまう」ということなのです。

それから、「栄養を摂《と》る（食べる）」ということはすごく大事な、「命」に関わることです。身体というのは、ずうっと壊れ続けるものです。みなさんの場合は、壊れても、どんどん代わりの身体が作られます。若い時は、壊れる分よりもたくさん作っているので、「成長している」と言うのです。年寄りの場合は、身体を作るスピードが少し遅《おそ》くなります。身体は日々壊れますが、ほんのわずかしか作られなくなる。それが「老化」ということなのです。

生命は外部のエネルギー——鶏《とり》や豚《ぶた》や野菜や穀物《こくもつ》を分解して、きちんと自分の肉体に吸収するのです。そうやってエネルギーを交換《こうかん》する働きは、命の根本に関わる大事なことです。

物質を燃やすだけでは「生きて」いられない

ですが、「生きる」ためには、物質を食べるだけでは足りません。だからこそ、「心」

の存在がわかるのです。

例えばみなさんが、本を読んだり漫画《まんが》を見たりして、楽しくなったり笑ったりするでしょう？　生きるためにはそういうことが不可欠なのです。ご飯がいくらあっても、気分が最悪で、やることもない状態でいると、死ぬよりも苦しいのです。

あまりにも落ち込んでしまうと、人は自殺までしてしまいます。その人は食べるものがないから自殺したわけではありません。精神的に苦しいから自殺したのです。だから、心にも栄養が必要なのです。心に栄養が入ると、ご飯を食べるより先に元気になります。

では、心の栄養とは何でしょうか？　それはさまざまな「楽しみ」のことです。例えば、「明るさ」は人間に楽しみを与える心の栄養です。場合によっては、「怒り《いか》」も心の栄養になります。怒りの衝動《しょうどう》で踏《ふ》ん張《ば》っている人も多いからです。だから、怒ったら元気になって、普段やらないことでもやってしまう。でも、怒りは自己破壊《はかい》になる感情ですから、元気なのはその時だけで、あとになって自滅《じめつ》してひどい目に遭《あ》うのです。

「やさしさ」も心の栄養です。しかも「怒り」のような副作用は起こさない素晴《すば》らしい栄養です。やさしい人は、かなり明るく活発に動きますが、動けば動くほどますます明るくなって、どんどん元気になっていくのです。

このように、心にも栄養は必要なのです。ちょっと横道にそれましたが、ぜひ覚えておいてください。

「生きている」の定義は単純シンプル

先ほど挙げた「死体と自分の違い」のリストは、すなわち「生きている」ということの定義です。「生きている」ということは英語で言うとlifeかlivingです。このリストを見れば、「生命とは何たることであるのか?」と難しく考えなくても、単純に答えが出てくるでしょう。

仏教から見れば、「生きている」の定義はこんなものなのです。でもみんな、格好を付けて、「命は尊いものである」などと証拠もなしに嘘《うそ》を言う。「ご飯を食べること」の何が尊いのでしょうか。食べなければ死ぬから、ご飯を食べているだけです。だから、どうせご飯を食べるならば、食べ過ぎにならないように、適量の食事をよく噛《か》んで、丁《てい》寧《ねい》に格好よく食べればいいのです。それこそが「しっかりした生き方」であり、「正しく生きている」ことなのです。別に、尊くも何ともありません。

それから、「生きている」のは、「呼吸している」ということでしょう？　空気を入れたり出したりするだけのことですから、別にどうってことないのです。だったら、たばこの煙《けむり》を吸《す》ったりしないで、きれいな空気を吸ったり出したりすればいい。それが「格好よく生きている」ことなのです。空気を吸う代わりにたばこの煙を吸っていると、心臓も肺も壊れてしまって、「命を大事にしていない」ということになって格好悪いのです。

だから、「生きている」ことはそんなに難しくありません。

心の傷と身体の傷

それでは、次のステップに行きます。

死体は机と同じただの物体です。机に傷を付けてもそのままであるように、死体に傷を付けてもそのままなのです。

しかし、生きている私たちの身体は、傷付けてしまっても一日二日で治ります。そのように自分で自分を処置するからです。それも生きているということです。私たちはいつでも自分で自分を処置しています。

例えば、みなさんが親と喧嘩して、すごく気分が悪くなると、どこかへ出て行ってしまうでしょう？　あるいは「もう親と喋りたくない、顔を見たくない」と言って、自分の部屋に鍵《かぎ》までかけて一人になる。それも自分で自分を処置しているということなのです。自分の心が壊れて、傷付いてしまったから、傷が治るまで一人でいるのです。だから私たちは、身体に傷が付いたら身体が自動的に治すのと同じく、心に傷が付いたらそれも自動的に治そうとしているのです。

その場合、処置には正解も不正解もあります。例えば、学校でちょっと雰囲気《ふんいき》が悪くなると、部屋に引《ひ》きこもってしまったり、登校拒否《きょひ》になったりしますが、それも「自分の傷跡《きずあと》を何とかしたい」という努力です。しかし、それがうまくいかないのです。親と喧嘩して自分の部屋に閉じこもる場合は、二時間程でまた親が必要になります。ケロッと全部忘れて、親の作ったご飯を食べたりするのですから、それはそれでいいのです。

身体の場合は「正解」だけですから、心配しなくても大丈夫です。脚《あし》を骨折《こっせつ》したら、歩けませんし、痛《いた》くて、痛くて、そのまま座り込んでしまう。それが正解です。骨が折れているのに「歩いてやるぞ」ということはしません。

しかし、心の場合は「みんな正解」ということは、なかなかありません。心が傷付いてしまった時、私たちはつい間違った処置をしてしまいがちなのです。

正しい「心のケア」とは？

仏教でいうのは「心が傷付いてしまったら、それは正しいやり方で治してください」ということです。

ブッダと他の先生の違うところは、「心の問題」を教えるところです。ブッダは決して、「人は何を食べるべきか」ということは教えていません。「どんな運動が身体にいいか」なんて、どんな野生の生き物でも知っていることです。みなさんが飼っている犬猫はちゃんと運動しているでしょう？　動物はきちんと運動するし、やり過ぎたりしません。適当に運動して寝るのです。そういう、動物にできることを人間に教える必要はありません。

動物にできない、人間が学ぶべきことは、「心の問題」なのです。だから仏教では、「嫉妬、憎《にく》しみ、怒り、落ち込みはやめましょう」「興奮《こうふん》することもやめましょう」「集中力を育てて、やさしい心でいましょう」と、心を育てる方法を教えます。

とにかく、人が自分に笑ってくれると、自分が楽しいでしょう？　「自分からみんなに笑顔を見せよう。怒っている人にも笑顔を見せよう」というモットーで生きれば、世界が変わっていきます。心が穏やかになるのです。親がカンカンに怒っている時でも、自分がニコニコ笑っていると、親の怒りがすぐなくなってしまいます。しかし、自分も怒って反応すると、お互いが怒りで燃えて、きりがなくなってしまう。それは「正解」ではないのです。

だからブッダは、「怒りにはやさしい心を返しなさい。憎しみにはやさしい心を返しなさい、憎んではいけない」とおっしゃるのです。怒りには怒りを返さないことです。他人に「あんたのことなんか、大嫌い」と言われたら、普通は、「私もあんたが大嫌い」と言い返すでしょう？　しかし、「あなたは自由だから、それで構《かま》いません。私は別にあなたを嫌いではないです」と言ってあげれば、自分を批判《ひはん》した本人が、「こんなにいい人を嫌いだなんて、私はすごいバカじゃないか」と恥じ入ってしまうでしょう。それで仲良くなれるのです。

これが「心」の世界の処置の秘訣《ひけつ》です。

心とは何か？ 科学的な答え

それでは、「心とは何か？」という問いについて、科学的な答えを出します。

死体と自分が違うところは、「自分は外の世界に反応する。死体は反応しない」ということです。外の世界に反応するのは、自分には「感覚がある」からです。目に感覚があるから、「机だ、部屋だ、学校だ、山だ」という具合に、見えるものに反応する。耳に感覚があるから、音に反応する。身体に感覚があるから、「寒いなあ。暑いなあ」と言って、身体に触れるものに反応するのです。

「心」というのは、この感覚なのです。

このように「心」を定義すると、すごく科学的でわかりやすいと思います。例えば、自分の指が何かに触れると、指先で感じるでしょう？ これが「心」なのです。目を開いた瞬間に見えるでしょう？ これが「心」です。聞こえるでしょう？ それも「心」

です。お腹が空くでしょう？　それも「心」です。呼吸することも「心」です。呼吸を止めてみてください。ひどく苦しい感覚が生まれるはずです。呼吸を止めると苦しいから、私たちはずうっと呼吸しているのです。

つまり、「心」とは生きることなのです。

生きていることを「命」とも言うし、「心」とも言うし、「生きていること」とも言う。だから、ミミズにも「心」があります。生きているから、感覚があるのです。

そういうわけで、仏教では、「すべての生命は平等だと見てください。自分だけが偉《えら》いと思わないでください。ミミズも立派な生命なのです。一所懸命生きているのです」と教えています。それから、ミミズにも感覚があって私にも感覚があって、それが「心」だと結論します。それが解れば、別に心理学など無理に勉強しなくてもいいのです。生きるということは、ただ感じるだけの世界なのですから。

この「感覚」がなくなってしまうことを、「死んだ」と言うのです。感覚がないと、ケガをしても修理できないでしょう？　だから、ケガをしたら感覚が生まれるのです。細胞《さいぼう》はすぐそれを察知《さっち》して「ああ、まずい。こちらに細菌《さいきん》が入るぞ」とケガをした傷口を塞《ふさ》いでくれるのです。それも「心」です。細胞一個一個の中に「心」があるのです。「心って何ですか?」というならば、単に「生きていること」なのです。

心は、生きていることと別物ではありません。物質ではなく、巨大《きょだい》なエネルギーなのです。学校を作るのも、建物を作るのも、新幹線を作るのも「心」です。自然を破壊するのも「心」です。原子爆弾《ばくだん》を作るのも「心」なのです。ただの物質には、そんなとんでもないことはできません。

心は「主観」で問題を起こす

そういうわけで、心が感覚だけだったら何の問題もありません。では問題はどこで起きるのか、次のセクションをよく勉強して理解してみてください。

ここでまた、もとの話に戻ります。

みなさんは、「自分と猫や犬が同じ一本の花を見ている」と推測してください。科学的に言えば、みんな同じ物を見ているのだから同じ視覚があるはずです。ですが、ここから間違ってしまうのです。

私たち人間は「きれいな花だ」と思ったり、言ったりする。猫は「おもしろくないよ、こんなの」と知らんぷり。蝶《ちょう》やミツバチだったら、「こちらにえさがあるかな？　花は食卓《しょくたく》です」と言うでしょう。みなさんがもしミツバチと会話ができたならば、お互《たが》いに見解が離《はな》れ過《す》ぎているから喧嘩になるでしょう。「花というのはきれいなもので、この花瓶《かびん》に差しておけば、格好いい」と人間が言うと、ミツバチは怒るのです。「あんた、バカじゃないか。これには蜜《みつ》が入っていて花粉が入っていて、私たちの食べ物だ。ここは私たちの仕事場だ、邪魔《じゃま》をするな」と喧嘩になるのです。

しかし、これはどちらが正しいという問題ではありません。人間が嘘を言っているわけでもない。人間には、どうしようもなく花はきれいに見えるのです。ミツバチにとっては、花は自分の職場で、この事実はどうしようもないことです。

水にしても、同じことです。「水とは何なのか」と魚に聞いてみてください。みなさんにとって、水はまず飲み物で、プールは泳ぐ場所です。魚にとっては、水は飲み物ではありません。魚は水を飲みませんから、魚にとっての水と、私たちにとっての水とは、違うものなのです。魚が水をどう感じているのか、私たちには解りません。そういったポイントを理解しないから、私たちは間違いを起こしてしまうのです。

問題は、「主観」によって現れます。「花がきれい」ということは、人間の「勝手な主観」に過ぎません。よくも「花がきれい」と決めたものです。花というのは、植物にとっては、きれいでも汚《きたな》くもないのです。花はただ、植物に必要な器官で、その形、その色は、虫を呼ぶために必要だから作っているのであって、人間が勝手に花を切って、植えたり活《い》けたりするためにできたわけではありません。だから、美しい花の世界を集めた『花の図鑑《ずかん》』といったものは、人間の勝手であって科学ではありません。カブト虫の形は、カブト虫に必要だからああなっているのです。みなさんは小さい時にカブト虫を捕《つか》まえたりして、図鑑で種類の勉強までして、「すごく勉強した」と威張《いば》っている。とんでもありません。それは人間の「勝手」です。捕まえられたカブト虫からみれば、ひどい迷惑《めいわく》なのです。

「間違った世界」がこうしてつくられる

次に、ゴキブリのたとえで説明します。

先日、私の部屋でゴキブリが歩いていました。私たち人間は、「ゴキブリは気持ち悪い。イヤだ」と思っています。しかし、猫はゴキブリを見ると、おもしろくなって、すごく気持ちよくなります。猫にとって、ゴキブリは遊び相手であり、おもちゃなのです。猫はゴキブリを見ると、追いかけて、捕まえて、ゴキブリは倒《たお》れて仮死状態になる。すると、ゴキブリが復活するまで猫は待っています。ゴキブリが復活して逃《に》げると、また猫に捕まる。すると、ゴキブリはまた仮死状態になって、猫はふたたび動きだすのを待っている……そうやって、いい加減に遊んでいるのです。

私たちは「うわっ、汚い虫だ」と言って、ゴキブリに殺虫剤を噴射《ふんしゃ》します。では、ゴキブリはホントに汚い虫なのか、あるいはおもしろいおもちゃなのか、どちらが真実でしょうか？　言うまでもなく、どちらも「勝手」な見方なのです。しかも、人間の「勝手」、猫の「勝手」は、ゴキブリにしてみれば、えらい迷惑でしょう。ゴキブリが人間に向かって喋れるならば「あなた方は私を汚くて不潔な虫だと勝手に嫌いますけれど、私はしっかり清潔に生きていますよ」と言うでしょう。

みなさんはゴキブリがすごく清潔好きであることを知らないでしょう？　ゴキブリを

観察してみてください。空中のホコリなどがちょっとでも触角《しょっかく》（アンテナ）に付くと、口できれいに洗います。触角に微妙にでもホコリが溜《た》まってしまうと、ゴキブリは歩けなくなるからです。ゴキブリは目の代わりに触角で環境を知っているのです。そうやって、身体もきれいにしています。ゴキブリにとっては、自分は「すごく清潔」です。しかし、人間の勝手でゴキブリを見てしまうと「ひどく不潔」に見えるのです。だから、ゴキブリと人間が喋ることになったら、ものすごい喧嘩になると思います。

「私が思う、ゆえに正しい」？

ゴキブリも外の世界を感じていて、私たちも外の世界を感じている。猫も外の世界を感じている。だから、みんな、「生きている」のです。しかし、その感じている時点から、私たちは間違った世界、いわゆる「主観」という世界を作るのです。人間だけでなくすべての生命は、とんでもなくおかしいことをしています。「私が思う、ゆえに正しい」というやり方で生きているからです。

ですが、この「私が思う、ゆえに正しい」というやり方が人間の大きな間違いなのです。よく覚えておいてください。私が「ゴキブリは不潔だ」と思うのだから「ゴキブリが不潔であるということは正しい」と思ってしまうのは間違いです。猫だって、ゴキブリというのは、おもしろいおもちゃだ、最後に食べるおもちゃだ」と思っているから、「それが正しい」と思っています。ゴキブリの気持ちなど、全然理解しようとはしません。

日本の方々もよく魚釣《つ》りをやりますね。私は「残酷《ざんこく》だ」と思っています。魚からみたら、「魚は人間の遊ぶおもちゃではない」と言いたいでしょう。そういうふうに、人間はすぐトラブルを作るのです。みなさんはなぜ親とケンカをするのでしょうか？　親が何かを思っていて、みなさん方は何か別なことを思っていて、お互い様に「私が正しいのだ」と胸を張っている。だからケンカになるのです。

ブッダ心理学には最終的な答えがある

このように、「心」という働きは「感覚」であり、「生きていること」であり、それ自体はどうということはないものです。しかし、「知識」から巨大な問題が起こってくるのです。

例えば、仲間の誰かのことを「あの人はすごく格好悪い、ブサイクだ」と思ってしまうと、とても雰囲気が悪くなるでしょう？　自分が「〇〇さんは格好悪くてブサイクだ」と思っても、本人はそうは思っていないのです。思っても自分の身体だから、どうしようもないことです。

このように、私たちは他の人間を差別して、他の動物を差別する。嫉妬したり、怒ったり、憎んだり、喧嘩をしたり、戦争まで起こしたりする。そうやって、「心」にあらゆる問題が生まれるわけです。心が問題を起こして病気になって、西洋的な現代心理学を勉強するはめになるのです。

しかし、現代心理学を勉強しても、心の問題を解決する「最終的な答え」は出ません。現代心理学では、最終的な答えは「ない」のですが、仏教では「あなたの主観を放っておけ。主観はどうってことはないものだ」という最終的な答えが「ある」のです。

だから、心の問題を解決したければ、心から「私が思う、ゆえに正しい」というセクションをカットしてください。私がおにぎりを食べて「これ、おいしい」と思う。それでいいのです。でも、「あなた、これ、おいしいよ」という押しつけはやめてください。

猫にも「これ、おいしいから食べてみてよ」と言ったところで、猫にはカツオブシならおいしいけれど、おにぎりはおいしくないでしょう。

また、みなさんが、花や絵画を見て「ああ、これはきれいだ」と思うのはいいのです。でも、「これ、きれいでしょ」と隣の人に聞かないでください。そこからたいへんな問題が起こるのです。逆に隣の人に、「あなた、どう思うの？」と問いかけたところで、「私は、これは格好悪いと思う」という答えが返ってきても、「ああ、そう。なるほど」と受け止められたならば、そこに平和な社会が実現するのです。

アメリカ合衆国のブッシュ大統領は、なぜイラクに戦争を仕掛《しか》けたのでしょうか？権力を握《にぎ》った無知な人間が「自分が世界一強くて正しい」と勘違いしたからです。それで大勢の人が死んでいるのです。最近の報道によると、勝利宣言してから二千人以上のアメリカ兵が死んでいます。では、イラク人はどれくらい死んだのでしょうか？犠牲《ぎせい》者《しゃ》の数を数えようともしない、つまり人間扱《あつか》いをしていないのです。別にブッシュさんが特別に悪人ということではありません。「私が思う、ゆえに正しい」という主観に囚《とら》われた人間は、どんな恐ろしい罪でも平気で犯してしまうのです。

かつて、北朝鮮《きたちょうせん》の工作機関が日本人をたくさん拉致《らち》しました。そのこともあって、国際的に「テロ国家」として非難されています。しかし、北朝鮮では「自分たちはいいことをした」と思っています。口を開けば、金正日《キムジョンイル》さんを神様のように褒《ほ》め称《たた》えている。北朝鮮人にとっては神様であっても、日本人にとっては神様でも何でもないのに。「私が思う、ゆえに正しい」という考え方、それが生命を不幸にする根本的な「心」の問題なのです。

認識する時点から精神的なトラブルを作る

壁《かべ》にかかっている機械を見て「これは時計だ」と思ったら、それは「知識」です。人間同士では、「これ＝時計」でもいいけれど、そう思うことは「真理」ではありません。真理ならば、猫にも「これ＝時計」と解るはずなのです。人間にしても、原始的な社会に生きている人なら、時間を計算しませんから、「これ＝時計」ではないのです。だから「真理」ではありません。時間を計算する私たちにとってだけ、「これ＝時計」であって、価値があるものなのです。森の中で裸《はだか》で生活している人に、「これ」をあげたとしても「何だ？　これ」と捨ててしまうだけです。「時計」よりはコウモリでも捕まえてあげれば、「これは夕食にもってこいです。ありがとうございました」と喜びますよ。だから、仏教で言うのは、「認識する時点から、精神的なトラブルを作る」ということです。それは犬も猫もやっていることです。例えば、カラス以外の生き物は、「カラスはすごく迷惑だ」と思っているでしょう？　でも、カラスはカラスの勝手でただ生きているだけです。カラスも自分が認識している世界を正しいと思って、相手に迷惑をかけているのです。

心というのは、ただの感覚です。感覚のレベルでは、生命はみんな同じで問題ありません。しかし、それぞれ知識を構成した瞬間から、私たちは互いに食い違ってしまいます。互いに食い違って、苦しみの世界を作るのです。

そのことをよく覚えておいてください。

「知識が自分」という錯覚《さっかく》を捨てる

さて、ブッダ心理学のものの見方を学んだ私たちは、これからどう生きればいいのでしょうか。

私にとって花がきれいに見えるのは、仕方ありません。しかし、それが「正しい」と思わない、つまり、自分の「知識」を「正しい」と思わないことです。私たちがいつも「自分、自分」と言って大切にしているものは、じつは自分の「知識」なのです。自分の目、耳、鼻、舌、身体に触れた情報を頭で合成した「知識」を「自分」だと思っているのです。親から「あんた、格好悪いね」と言われても、ふつうはそんなに腹が立ちません。しかし、同じ親から、自分の「考えていること」について反対されると、烈火《れっか》のごとく怒ってしまう、あるいはひどく落ち込んでしまうのです。

私たちは、自分の間違っている知識を、「自分だ、自分だ」と勘違いしています。真理ではないに決まっている「知識」にしがみついて、人生につまずいて失敗しています。そして、自分も周りの人も、不幸に陥《おとし》れてしまうのです。その「知識」のカラクリが解ければ、けっこう楽になります。「心」の問題が解決するので、死ぬまで気楽に、幸福に生きていられます。

「私が思う、ゆえに正しい」という、いい加減な思考をやめましょう。もしあなたが幸せになりたいのならば。

これが、ブッダの薦《すす》める「心の問題」への処方箋《しょほうせん》なのです。

第四章　世界に居場所を見つける──地球サイズの人間になろう

自分と似《に》た人は何処《どこ》にいる？

この世の中で、自分と似ている人間は何人いるでしょうか？

答え。自分と似ている人は、一人もいません。

みなさんが大人になる過程で、「いったい何に挑戦《ちょうせん》しているのか？」と観察してみると、どうやら「みんなに合わせること」に挑戦しているようなのです。しかし、これはいくら努力しても無理だと思います。他の人々と同じになる、ということは不可能です。だから、みなさんは苦労しているのです。親の言うことを聞くとけっこう苦労するし、学校でも苦労するし、社会に出ても苦労します。みんなに合わせて、社会を気にして、親を気にして、あれこれと気にして、自分を相手に合わせようとして、大変苦労していると思います。でも本当は、そんなことは無理なのです。

しかし、自分だけ一人勝手に生きていても、まわりに潰《つぶ》されて、うまくいかないのは事実です。では、どうすればいいのでしょうか?

私たち一人ひとりが、自分の持っている能力を活《い》かさなくてはいけないのです。能力がないのだったら、なくても大丈夫《だいじょうぶ》です。「能力がないこと」を活かせばいい。社会から「あいつは何の能力もなくてよかった」と言われるように生きればいいのです。例えば、すごい美人や美男で生まれたら、それを活かして生きる。もし、ブサイクに生まれても、大丈夫です。ブサイクであることをどうやって活かせるか、ということを考えて生きればいいのです。

自分という「種」を社会で花開かせる

みなさんには、自分という「種」を社会という土地でうまく育ててもらいたいと思います。同じプランターでも、いくつかの種類の種が植えられて、それぞれの花が自分を花開かせています。いろいろな花があって格好いいから、いろいろな種類の種を同じプランターに植えてみるのです。

だから、みなさんは自分のことを「ある一つの特別な花の種」だと思わなくてはいけません。自分と似ている花は一本もない。大きな花が咲《さ》くように、社会というプランターでちゃんと育ててもらわないといけない。種のままでいたら、意味がありません。

「こんな厳しい社会のプランターでは育たない種もあるよ」と思うかもしれませんが、心配ありません。人間だから、誰でも人間の中でしか生きていられないのです。人間の中にいれば、生きられるのです。

嫌《きら》われる花もあるかもしれません。でも、たとえ誰《だれ》かに嫌われたとしても、別の場所では生きられます。花はいろいろですから、そちらでは嫌われたとしても大したことはなくて、他の場所で「これはすごく珍《めずら》しい花だ」と重宝がられることもある。

例えば、おじぎ草という植物はスリランカではどこにでも生えていますが、トゲがあるので、みなから嫌《いや》がられています。それは、私たちがほとんど裸足《はだし》で過ごしているからです。スリランカの人々は裸足の方が精神的に落ち着きますが、素足《すあし》で外を歩いておじぎ草を踏《ふ》んづけたら、トゲがあるからとても痛いのです。だから、おじぎ草を見つけると引《ひ》き抜《ぬ》いて捨ててしまいます。しかし、日本では、おじぎ草は高い値段で売られている。おじぎ草は、触《さわ》ると葉っぱを全部畳《たた》んでしまうおもしろい植物だからです。そんなに速く反応する植物は他に見当たりません。このように、おじぎ草は私たちの国では嫌われているけれど、日本ではかなりいい所で大切に育てられています。

私の考えでは、自分という種がどこで大事に育てられて花開くのか、ということは、ひとりひとりの自己責任で決まるのです。「種」というのはたとえ話で、私たちは人間だから自分で動き回れます。もし社会のプランターで嫌われてしまったなら、嫌われている環境から、別の場所に行けばいいのです。「自分が咲く場所」は必ずどこかにあります。どうせみなさんは、やがて親から離《はな》れて、独立して暮らすはずです。大人になって自分に適した環境で生きていくということは、人間である限り、決まっているシステムなのです。

目上の人を「敬《うやま》う」意味

ここで、ブッダの言葉を紹介《しょうかい》します。

ブッダは、「人間は生まれた時から、どう生きればいいのか？」という問いにこう答えました。

一、バカな連中と付き合ってはいけません

頭の悪い、何もわかっていない、道徳のない人々と付き合ってしまうと、それだけで人生を棒《ぼう》に振《ふ》ります。

二、頭のいい人々と付き合ってください

学生は、先生方や、目上の人々と付き合わなくてはいけないのです。そうすることで、自分の頭がどんどんよくなっていきます。人間は小さい時から、できるだけ大人と仲良くした方がいいと思います。日本ではなかなかそれも難しいようですが……。大人は、けっこう子どもを守ってくれます。たまに悪いことをしても、あまり気にせず「そんなことやるな、格好悪いぞ」と教えてくれるのです。

三、目上の人を敬いなさい

これはみなさんにすごく必要なことです。この「敬う」というのは、どうということではない。「こんにちは」「おはようございます」と言うくらいで十分です。

年上の人を見たら、ちょっとお辞儀《じぎ》をして「こんにちは」と挨拶《あいさつ》すると、大人が「なんていい子だろう」と、すごくやさしい気分になって、自分たちを守ってくれます。私たちは他人から学んで大人になるでしょう？　教えてくれる人々が立派な人格者であれば自分も立派な人格者になるし、法律を犯《おか》す人に育てられたら自分も簡単に法を破《やぶ》る人間になる。魚は水がなくては生きていられないように、人間は学ばなくては生きていられないのです。

ですから、目上の人を敬うことは不可欠の条件です。最初に出会う目上の人は自分の両親であることも、この際覚えておいてください。

それから、学校や塾《じゅく》の先生たち、会社に入ったら先輩《せんぱい》や上司などいろいろな目上の人に出会います。よく若い人々の間で見られる現象は、できるだけ目上の人から逃《に》げることです。付き合う時間は最小限にして、友達や仲間といる時間は最大限にします。しかし、友達や仲間たちは同じ年齢《ねんれい》で同じ経験を持つ人々でしょう？　教えてもらう、導いてもらうことは全くできません。目上の人々と付き合う時間は「超刺激的《ちょうしげきてき》で楽しい」ということにはなりませんが、自分の人生のために必要な何かを吸収できることは確かです。目上の人と付き合う時間を今より増やすことは、自分の幸福のためになるのです。

先生方に対して「あなたなんか大嫌いだ」と言ってしまうと、学校で生活しづらくなります。「おはようございます」「こんにちは」などは、言わなくてはならないのです。先生に怒鳴《どな》られても、自分の返事は敬語《けいご》でしなくてはならないのです。

私は、日本では田舎《いなか》に行けば行くほど、本当に気分が良くなります。仏教を教えるために、京都の田舎の方に毎年出向くのですが、京都の子どもたちは私を初めて見ても、さっと立ち止まって挨拶をします。「ああ、なるほど。東京とは違うな」と思います。ちょうど学校が終わって、子どもたちが帰ってくる頃に会うと、みんな寄って来て、ぜんぜん遠慮《えんりょ》もなく怖《こわ》がることもなく、よく喋ります。

やはり田舎に行けば、「目上の人を敬う」という習慣があるのです。そういう習慣があるから、何のことなく人と喋ることができる。だからみなさんも、そういう性格を育てると、かなり生きやすいと思います。例えば自分が嫌われていると思っていても、自分から先に挨拶してしまうと、それで全部チャラになります。「おはようございます」と挨拶してくれる人に対して、「あなたのことなんて嫌いだよ」とは言えたものではないのです。

自分に適した場所に住む

ブッダの次の言葉は特に強調したいものです。

四、自分に適した所に住みなさい

みなさんは、日本で生まれたからといって、死ぬまで日本にいなければいけないということはありません。本当はみんなに、地球スケールで生きてもらった方がありがたいのです。人それぞれ、自分の能力を活かして、花を咲かせられる環境が必ずあります。だから、「埼玉県《さいたまけん》で生まれたから死ぬまで埼玉県にいる」ということはあり得ない、成り立たない話です。この地球の社会というプランターの中で、どんな種にも確実に咲く場所があるのです。ないはずがない。

例えば、地球上の種を月に持って行って植えても、芽は出ません。月には水が一滴《てき》もないのですから。しかし、この地球で生まれたのなら、自分の種を植える場所は確実にあるはずです。そこでみなさんが、「嫌われた場合はどうしようかな」と心配しているとしたら、それはすごく大切なポイントです。「嫌われる」ということは、悪いことではありません。それで相手のこともわかるし、自分のこともわかるからです。

嫌われたとしても別に大丈夫です。例えば、私は言いたい放題に喋りますから、ある人々からはすごく嫌われています。日本の仏教に対しても、お寺に対しても、全然遠慮しないで言いたいことを言ってしまうからです。だから、言いたいことを言わないでジーッと我慢《がまん》しているような人々には嫌われてしまいます。そういう人々に「何か文句あるなら言ってみてください」と頼《たの》んでも、決して言ってくれないのですが……。

嫌《きら》われることも商売道具

もしみなさんが誰かに嫌われているのなら、それを商売道具にすれば大丈夫《だいじょうぶ》です。「嫌われた」ということは、自分の性格と相手の性格がはっきりしたということなので、いい勉強になります。そこで「私はこういう性格だから、どこに自分の種を植えればいいかな」というふうに前向きに考えればいいのです。何をやっても「かわいいねえ。なんていい子でしょう」と誉《ほ》められてばかりでは、むしろダメなのです。自分が成長できなくなるから、それが一番危《あぶ》ない。

例えば、私も昔、勉強していた時期があったのですが、「あんたにはこれは難しい」と言われると悔《くや》しくて、腹が立ってくるのです。「何が難しいものか。やってやろうではないか」と挑戦《ちょうせん》してしまうのです。逆に「あなたならできますよ」と言われると、何かおもしろくない。「騙《だま》して、何かやらせようとしているのではないかな」とか、「そんなこと、やるもんか」と思ってしまうこともある。

ですから、「嫌われる」という現象はそれほど悪くありません。お互《たが》い様、正直でいいのではないでしょうか。

嫌う人は自分が狭《せま》い

自分が嫌われるのではなく、「人を嫌う」ことは、どうなのでしょうか。

「嫌う」ということは、つまり「自分が狭い」ということです。自分が嫌われたら、「どうぞご自由に。ご勝手に」という態度でいればいい。自分は決して相手を嫌わない方がいいのです。「私はあなたも嫌い、この人も嫌い」というと、自分がどんどん狭くなっていきます。そうすると、自分の種を植える場所が狭くなってしまうのです。

だから、「人に嫌われても平気でいよう。自分は人を嫌わないようにしよう」と、心を少し広くしておかないといけません。そうしないと、自分の種を植える場所が見付からないからです。自分という種を植える場所を見つける場合に、こちらもダメだ、あちらもダメだ、という態度でいると場所は見つかりません。それは他人を嫌う性格のある人に起こる問題です。他人に嫌われても、自分が他人を嫌わない性格でいるならば、自分という種を植える場所を「こちらもいいけれど、あちらがいいのではないか。あちらはもっといい」というような気分で探《さが》せるのです。そうしないと、自分が一番ピッタリはまる場所が見付からなくなってしまう。簡単に言えば、「私は人のことを嫌いだと思わない。誰でもいいところがあるのだから、いいところを見付けてみよう」という態度でいればいいのです。

今日もかわいいね
セクハラよ
ちょっとむつかしいかな
ムカ、
君は優秀だ
フン
困ったなぁ

そうすれば、気に入った場所がたくさん見つかるし、そのなかで一番気に入った場所が自分の居場所に自然となります。そうなると、楽しく不満なく老いるまで生きていられるのです。それが可能なのは、自分が「人を嫌わない」性格を育てている時なのです。

他人を嫌わない性格は得をする

他人が自分を嫌う場合、その相手は「あなたが嫌い」だから、「あなたのこういうところが気に入らない」と言いたくてウズウズしています。そんな時は自分から、「なんで嫌っているのですか?」とか、「どこがイヤですか?」と、その相手に聞いてみた方が勉強になります。自分が全然気付かず、大丈夫だと思ってやっているいろいろな事は、もしかすると他人から見れば格好悪くて迷惑《めいわく》なことかもしれません。自分ひとりではそれに全然気付かないのです。

例えば自分が格好いいと思って着る服、身につけるアクセサリー、歩き方、話し方などは、他人から見れば、もしかして嫌われる要素になるかもしれません。自分のことを嫌いと思う人なら、そういうところは何の躊躇《ちゅうちょ》もなく言う。普通《ふつう》は「嫌なことを言って場を暗くする奴《やつ》」と思われますが、それは違います。自分には気付けないところを教えてくれる人に出会うのは、超ラッキーではないでしょうか。

だから、他人に嫌われることをそれほど気にしなくていいのです。逆に「自分はこの人のことが嫌いだ、イヤだ」と思わない方が身の安全が守れます。そこに注意して生きると、「人のいいところを見つける」という特別な能力が身に付くのです。

それをメガネにたとえてください。人の悪いところしか見えないメガネをかけたら、一生、人生は暗いのです。でも、人のいいところが見えるメガネをかけると、どんなに悪い人を見ても「この人にもこんないいところがある」と、いいところしか見えなくなります。

だから自分の目で花を見るのか、それとも生ごみを見るのか、ということなのです。もしも生ごみだけ見る人生なら、一生気持ち悪いでしょう。他人の美しいところを見る「他人を嫌わない性格」でいれば、本人がいつでも明るい気分でいられるのです。

人の愛情は「買うもの」です

「愛されたい」「親切にされたい」「私のことを大事にしてほしい」という気持ちは、すべての生命にあるものです。

日本の若者の間違っているところですが、よく覚えておいてほしいのは、人の愛情というのは、「買うもの」だということです。愛情は、タダでは得られないのです。親の愛情にしても、子どもが自分で仕事をして、働いて買うものであって、決してタダでは貰《もら》えません。日本は少子化社会なので、ヒマがあり余《あま》っている母親は一日中子どものために尽《つ》くしています。本人は、余るほどの愛情を注いで育てているつもりなのですが、私はそれを観察するにつれ「この人はこの子どものお母さんではなく奴隷《どれい》ではないのか」と、首をかしげてしまったのです。親が奴隷になって子育てをすると、その子どもにはこの平等な世界で生きるすべが身につきません。いままで皇太子《こうたいし》気分でいた子は、社会に入ったとたん、大変なショックを受けて、適応できなくなるのです。ですから、日本の若い人々は、「愛情は買うものだ」としっかり理解しておいた方が、身の安全のためになります。

私は今、六十歳《さい》です。昔の家族というのは大家族でした。私が子どもの頃《ころ》は電気もなくて、料理を作るにしても薪《まき》を焚《た》かなくてはならなかった。六人家族でしたから、親は忙《いそが》しくて、ほとんどかまってくれなかった。それで私たち兄弟は、親にかまってもらうために競争していたのです。私たちは小さい時から「親にやさしく親切にしてもらうには、自分ががんばらないとダメだ」ということを知っていました。親の機嫌《きげん》をとるために、小さい時からいろんなことをしていたのです。親が薪拾いに行ったらそれを手伝ってあげる。火を焚く時に空気を送るために使う筒を、吹《ふ》いてあげる。料理に使うタマネギを剥《む》いてあげる。親にとっては、子どもの作業は邪魔《じゃま》になるかもしれませんが、子どもたちが一所懸命《いっしょけんめい》にやっているのだからと、そこで初めてかわいがってくれるのです。

だから「人の愛情」というのは、「自分が仕事をして得るもの」なのです。それにはどうすればいいかというと、簡単です。自分が先に笑ってあげる、自分が先にお辞儀《じぎ》をしてあげるのです。とにかく何か助けになることをしてあげることです。やることがない場合は、あれこれと喋ることもよいのです。親と何でもかんでも喋ると、親がとても喜びます。親が一方的に愛情を注ぐと、子どもはわがまま放題で生きる人になってしまいます。犯罪《はんざい》まで起こしたりするのです。親の愛さえも、ギブアンドテイクの世界であると理解する人にとっては、この世で楽に生きていられることは明白な事実です。よく覚えておいてください。

あなたは人に好かれるために今日は何をしたでしょうか？　相手が犬でも猫《ねこ》でもゴキブリでもこの論理は同じです。例えば、動物が好きな人だったら、動物たちは何のことなく寄ってくるでしょう。日本で有名なムツゴロウ（畑正憲）さんには、どんな凶暴《きょうぼう》な動物でも寄ってきます。彼は動物に対して、すごく愛情を持っています。犬がムツゴロウさんを噛《か》んでしまうと、ムツゴロウさんも犬を噛む。そうすると「お互い様」ということで、信頼関係が生まれるのです。ムツゴロウさんにとっては、相手が象であろうと問題ない。

それが生命の法則なのです。だから私たちが「大事な生命だから」という気持ちでいれば、生命みんなが自分のことを大事にしてくれるのです。

やさしい人は他の生命からやさしくされる

おもしろいことは、カエルでも犬でも猫でもどんな動物でも「かわいい」と思ってしまうと逃げないことです。私はあまり動物を飼《か》わないのですが、動物と遊びたければ、野生の動物でも、動物の方から捕《つか》まってくれます。ちょっとかわいがってあげてから、また自然に帰してあげます。自分が他の生命に対してやさしい気持ちでいれば、すべての生命が同じことを返してくれるのです。その法則には、誰も逆らうことはできないのです。

例えば、今日はすごくいい天気で太陽が燦々《さんさん》と輝《かがや》いているとします。「太陽が燦々と照《て》っているのに震《ふる》えるくらい寒い」ということはあり得ません。同じように、「我々《われわれ》がすべての生命に対してやさしい気持ちを持っているならば、一切の生命が自分のことをやさしく親切に見ざるを得ない」ということは当然の法則なのです。

だから、人に面と向かって「あんたなんか、大嫌い」と言うのではなくて、「あなたは結構変わっていて、おもしろいね」と言った方がいいのです。「あの人は変で、気持ち悪い」と思ってしまったとしたら、「その思いは罪だ」と思い直したほうがいいのです。「気持ち悪いのではなくて、この人はちょっと変わっていて、おもしろいのだ」と思って、「あんたはおもしろいね」と言ってあげれば、誉めてもらった相手は決して自分をいじめたり嫌いになったりしないのです。

このようにすれば、どこででも生きていられます。社会というプランターで、自分の場所を探さなくてもいいのです。どこにでも、ドーンとそびえる大樹に育つことができるのです。

心のプログラムをバージョンアップ

そういう心のしくみをよく理解して、「人の親切というのは、自分の働きによって買うものである」と、みなさんのプログラムをバージョンアップしてください。人を憎《にく》まないで、生命も憎まないで、植物も同じように憎まないで、「超《ちょう》かわいい」と本気で思ってみてください。「誰でもそれなりにかわいい」「誰でもそれなりにおもしろい」という気分でいると、みんなが、あなたをかわいいと思ってくれます。あなたがおもしろい人間だと思ってくれます。それこそが生きる秘訣《ひけつ》なのです。

「生命の法則」は避《さ》けられません。法則を守れば、アフリカでもニューヨークでも、どこでも堂々と生きていられます。自分が生きているこの国の中でも、すべての生命に対して親切な心を持ち続ければ、この世界はたちまち天国になります。

既《すで》に述べたように、他人を嫌う人の心は小さな殻《から》の中に縮こまっています。一方、自分が誰にも「嫌い」という気持ちを抱《いだ》かなければ、その人の心の輪は柔軟《じゅうなん》に、すごく大きく広がるのです。その大きな心の輪に、たくさんの人の心の殻が包み込んでしまえるのです。しかし包み込んでも、「他人の心の殻を破《やぶ》ってやろう」というお節介まではいりません。

代わりに、小さな殻に籠《こも》っている人には、「私を嫌う自由」を与《あた》えてあげる。関係のなかで自由を与えてあげると、その人はホッとして安心して、すごくいい気分になります。いい気分になって、心がやわらかくなって、結局は自分で自分の殻を破りはじめるのです。やがてみんな、お互いの殻を破ってすごく大きな心の輪のなかで繋《つな》がってしまう。

仏教では、「この心の輪を無限大に広げなさい」と教えています。生きている環境を地《じ》獄《ごく》にするか天国にするか、ということは、自分本人が選択《せんたく》していることなのです。言葉を換えるならば、人の幸不幸を決めるのは心のエネルギーの方向性だ、ということです。「嫌い」という気持ちに囚《とら》われて、心の殻に閉じこもっている人の心は、本人を不幸にする方向に働いてしまいます。一方、「嫌い」という気持ちを捨てて心の殻を破って心をどんどん大きく育てる人の心のエネルギーは、確実に本人を幸福へと導いてくれるのです。

心のエネルギーは強烈《きょうれつ》ですから、決してバカにしないでください。

慈《いつく》しみの気持ちで生きる

自分の心の殻を破って大きな心を育てるためには、どんな工夫《くふう》をすればいいのでしょうか。

ブッダが教えた一つの方法をご紹介します。みなさんにはぜひ、朝目覚めて最初に、「生きとし生けるものが幸せでありますように」と、布団の中で念じてみてほしいと思います。二、三分くらいずっと念じて、それからパッと起きて、普通に仕事をして、生活するのです。それから夜、布団《ふとん》に入ったら、悪いこと、イヤなこと、友達のこととか、そういうゴチャゴチャしたことは全部忘れて、「生きとし生けるものが幸せでありますように」と、呪文《じゅもん》のように唱えてみてください。

それだけで人生が変わります。そうやって寝付《ねつ》けば、夢を見てもすごくおもしろい夢しか見ないし、夢の中でも楽しくてたまらなくなるのです。そういうやり方で、生命に対してやさしい親切な心を持つ習慣が身に付くのです。そんなに難しくないでしょう？人に挨拶をしたり、「お元気ですか」と尋《たず》ねたり、「大丈夫ですか」と聞いたり、そういう言葉をかけるだけで、すごく救われるのです。

以前、銭湯《せんとう》で二人の若者が喋っているのを聞きました。二人とも仕事を終えて、疲《つか》れを癒《いや》すためにひと風呂浴《ふろあ》びに来ていたのですね。そのうち一人が「仕事はきついよ。でもこの間、あるおばあちゃんがオレを見て、「がんばってくださいね」と言ってくれて、その時スーッといい気分になったんだよ」と話していました。このことからも、たとえ言葉であっても、人から言ってもらった言葉はどれほど心に安らぎを与えるのか、ということがわかります。

はじめは言葉だけでもいいのです。そのうちどんどん気持ちが入るようになります。とにかく、朝、目覚めた時と、夜寝る前に「生きとし生けるものが幸せでありますように」という文章を念じてみてください。これがとてつもなく強力な呪文として、自分自身のお守りになるのです。

「生きとし生けるものが」という意味がわからなかったら「すべての生命が」と言っても、「生きているものが」あるいは「みんな」と言ってもいいのです。「みんなが幸福でありますように」と、それを頭の中でちょっと念じてみるのです。見事に自分の心がきれいになって、すごく幸せな人間になります。

人間関係は生きた道場

もし自分の周りに、どうしても体質が合わない、避《さ》けたくなる人がいたとしても、ちゃんと「おはよう」と言ってあげた方がいいのです。体質的に合わないということは、「仲良くすることはできない」というだけであって、学校の同じクラスの人だったら、どうせ一緒にいなくてはいけないでしょう？　それなら、「おはようございます」と言った方が正しいのです。

例えば、私たちは野生の虎《とら》と一緒には生活できません。それでも野生の虎には元気でいてほしいでしょう？　パンダも本当はすごく凶暴な動物だそうです。しかし、「凶暴な動物だから死んでしまえ」と思うことは成り立たないのです。恐《おそ》ろしいコブラにしたって同じです。毒を持っている蛇《へび》だから一緒に生活はしたくないけれど、それでもコブラも同じ生命として、元気でいてほしいのです。たとえ虎でも熊でも、幸せで平和でいてほしいのです。

「性格が合わないから、一緒はごめん」でも、「あなたは、自分に合う世界で平和にいてください。私は、私の世界で平和でいます」と思うことが大切です。同じように、たとえ人間関係でウマが合わない人であっても、いけ好かない人であっても、ちゃんと心を込《こ》めて「おはよう」と言うべきなのです。苦手なその人と一緒にいるかいないか、ということとは別の話です。

人間はみんな同じではありません。むしろ性格の違ういろんな人間と付き合った方がいいのです。同じ連中と一緒にいると、あまりロクなことになりません。

例えば、自分は音楽が好きだと仮定しましょう。音楽は嫌いだけど、コンピュータが好きな人もいるかもしれません。別世界の人だから性格が合わないとしても、仲間として付き合った方がいいのです。なぜかというと、自分がどんどん大きな人間に育っていくからです。また例えば、グループの中の一人が全然時間を守らない、いくら言っても遅刻《ちこく》する、という人もいるかもしれない。それはその人の性格なのですから、その場合は「他人の欠点に無関心になるように」と自分で自分を育てることです。

他の人間と付き合うことは自分の修行道場だと思ってください。人間関係は、私たち一人ひとりの「生きた道場」なのです。

まず自分が楽しく

私が誰か他の人と仕事をする時は、やはり自分が楽しんでやるのです。すると、相手も私の楽しさに引き込まれて笑ってしまう。相手は性格的にはとても神経質でピリピリしているかもしれませんが、そういう性格に付き合うのは疲れることです。だから、とにかく自分でがんばって雰囲気《ふんいき》を明るくして、楽しく仕事をできるようにするのです。まず自分が楽しくなって、関係ある人々もちょっと穏《おだ》やかな気分にしてあげる。そうすることでその人々は、ものすごく勉強をするのです。

勉強と言っても無意識的な勉強です。「仕事がうまくいった、楽しかった」という、そのことが忘れられないのです。そういう経験を何度かくり返していくと、まわりは何のことなくそういう気分になっています。それでお互いに冗談《じょうだん》を言ったり、遊んだりして生活をすることができます。

日本の社会で生きていて感じるのは、日常生活の中で笑う人が少ない、ということです。それは自分の国（スリランカ）と比べると、顕著《けんちょ》に感じるポイントです。スリランカでは、日本から見たら「いい加減じゃないか」と思われるほど、みんなよく笑います。どんな仕事をしていても、何かへんなことを言って笑ったりして、はたから見たら全然真剣《しんけん》に見えません。ですが、そうやって笑うことが、雰囲気づくりにはすごくありがたいのです。日本の子どもは、小さい時にはすごく元気で、幼稚園《ようちえん》に入るまでは「なんて可愛《かわい》いんだろう」と思います。でも幼稚園に入ると笑いが減ってしまって、小学生になる頃には、もう笑いが消えている。それから死ぬまで暗いまま過ごすのは、とてもかわいそうです。成長すると同時に、能力も元気も全部なくなっていくように見えます。

能力にあふれた元気な人生を送りたければ、人間はよく笑った方がいいのです。どんなものでも、何を見ても、その中に、ちょっとしたおもしろさがあるものです。物事をよく観察して理解している人は、理解しているからこそ、ちょっとふざける余裕《よゆう》がありなます。真剣に真面目《まじめ》に、死にそうな顔をして取り組む人というのは、なにも理解していない人なのです。やることはだいたい失敗します。できる人というのは、きちんと理解して、ちょっとふざけて冗談を言いながら、仕事はしっかりやるのです。

日本は、笑うためにお金を払《はら》っている変な国です。笑うことは、日本では特別な学問になっている。漫才師《まんざいし》やお笑い芸人になろうとしたら、つらい修業をしなくてはなりません。人を笑わせるために自分が必死になって苦しんでいるのだから、これはおかしな話です。現実をよく観察すれば、笑ってしまうことはいくらでもあります。お金を払ってまで、笑わせてもらう必要はないと私は思います。

質問は智慧《ちえ》の鍵《かぎ》

最後にみなさんが元気に楽しく生きるためにも、ビシビシ質問することを学んでほしいと思います。思い浮《おもう》かんだことは質問してみてください。喋る場合には「これは言ってもいいのか」という危《あぶ》ないところもあります。でも質問の場合は、危ないことはないのです。だからいつでも自分の人生で「これは何ですか？」というふうに質問を立ててみてください。

小さい子どもたちはよく質問するでしょう？　子どもというのは、けっこう明るいのです。そういう時は、答えがあってもなくても、どうでもいいのです。とにかく、何か質問をすることです。「あんた、何を言っているのか？」というような質問でも、それだけで、楽しい関係が生まれたりするのです。

それと、質問をすることで、自分の頭が整理されます。だから、「よく質問をする」ということを、きちんと覚えてください。何でもいいから、人にあれこれ質問をすると、すごくいい人間関係ができるし、自分の頭の中も整理されます。それで、相手の答えを受ける態勢もできるのです。相手の答えを受け入れるか否定するか、どちらでもいいのです。「違いますよ」というのも、それもひとつの受け入れ方ですから。

質問することに慣れるには、いちばん小さなところから始めてください。「これは何？」とか、「何日？」とか、「何時？」とか、「今日は何を食べたの？」とか、そういうつまらないところから始めると、質問する習慣が付くのです。

「質問しなさい」はブッダの教え

最後に、ブッダが残した言葉をご紹介します。

ある時、ブッダは「人間が智慧を開発するためにどうすればいいのですか？」と聞かれました。ブッダの答えはたったひとことでした。

「質問しなさい」

ただ一方的に喋るということは、とんでもない間違いです。例えば、私が何を考えているか、みなさんは知らないでしょう。時代の差や年齢の差、いろんな差がありますから、みなさんが何を考えているか、私も知りません。それでも質問することで、コミュニケーションが成り立つのです。だから、「質問をする」ということは、智慧を開発するための玄関《げんかん》なのです。智慧を開発する鍵は「質問」なのです。

日本では、質問をする習慣はあまりないようですが、私は今になって振り返ると、「先生たちをずいぶん攻《せ》めたものだ」と反省するほど、学生時代にはものすごく質問していました。質問するだけではなく、「それは違いますよ」と先生の意見に真っ向から反対することもありました。ですが、質問に答えてもらうと、授業で習ったことがきちっと頭の中に整理整頓《せいとん》されて、瞬間《しゅんかん》にまとめられてしまうのです。そういうわけで、質問することは智慧の鍵であり、智慧の玄関なのです。

質問しないということは、自分の頭が整理されていないということです。頭が整理されないと、勉強がうまくできません。話を聞いても、すぐ忘れてしまいます。だから、質問するということは素晴らしい習慣なのです。最初は小さいことでも構《かま》いませんから、どんどん、うるさいほど質問してみてください。質問すると人間関係もうまく成り立ちます。

例えば友達に、「きみの携帯《けいたい》はどのメーカー？」と質問する。それだけで、相手は喜びます。「そのストラップはどこで買ったの？」とか、そういう小さなことから質問することを学んでみてください。それだけでも、二人の関係はうまくいきます。それでたくさんの友達を作れるし、智慧の開発もできるのです。そうやってたくさん友達を作って、どんどん智慧を開発して、世界を明るく照らすような元気で活発な大人に育ってください。

みなさんはせっかくこの地球に生まれたのですから、小さな自分の殻を破って、スケールの大きな地球サイズの人間になってほしいと願っています。私の話はこれでお仕舞《しま》いです。

あとがき

えっ、これって仏教の本？

そんなに驚《おどろ》かなくてもれっきとした仏教の本ですよ。いままで仏教だと思っていたものに持っていた印象と、だいぶ違《ちが》いますね。この本で書いた仏教はお釈迦様《しやかさま》（ブッダ）のなされた説法の仕方の猿真似《さるまね》です。お釈迦様は人の役に立たないならば一言も喋《しやべ》りません。沈黙《ちんもく》を守るのです。しかし、もし相手の役に立つならば、また、相手が理解していくならば、相手が本気で立派な人間になりたいと思っているならば、朝になるまで話し続けるのです。

お釈迦様の説法と断然違うところは、誰《だれ》も私に質問・疑問を出していないことです。私は自分勝手に一方的に話し続けたのです。お釈迦様なら相手と対話をしながら話す。その方が分かりやすいし親しみを感じる。この本を読みながら、もし親しみを感じなかったならば、これは明らかに私の態度の悪さです。

では内容は本当に仏教ですか？　世間話ではないのですか？

違う、違う。ブッダによって説かれた仏教は、経典《きょうてん》に記録されています。言語はパーリ語です。お釈迦様はいくつかの言語で説法していたようですが、いま完全な記録として残っているのはパーリ語の経典だけです。

この本で説明した内容は、お釈迦様の言葉を分かりやすく説明したものです。分かりやすくとことさらに言わなくても、お釈迦様の言葉は分かりやすいし、実践《じっせん》しやすいし、格好いいし、超《ちょう》現代的でもある。この本を読まれた方が仏教は怖《こわ》くて難しい話だ、仏教というのは葬式《そうしき》のとき木魚を叩《たた》きながらニャーニャーギャーギャーとわけの分からないお経を上げることだ、と思っている固定概念《がいねん》を捨てて欲《ほ》しかったのです。

この本のもとになったのは、埼玉県飯能市にある自由の森学園中学校・高等学校での授業と講演です。勇気を出して招待してくださった上野文康《うえのふみやす》先生、西田隆男《にしだたかお》先生、ありがとうございました。居眠《いねむ》りもせずに、真剣《しんけん》に反論もしながら聞いてくれた生徒のみなさん、ありがとうございます。またどこかで会ったら、話しかけてください。

講義の内容をリライトされたのは、日本テーラワーダ仏教協会事務局長の佐藤哲朗《さとうてつろう》さんです。徹夜《てつや》して頑張《がんば》ってくれたことに感謝します。彼《かれ》の努力がなければ、学校で話したことが本として生まれることはありませんでした。中高生に向けた仏教書の提案をされ、実現に努力を惜《お》しまなかった小沼英子《こぬまえいこ》さんがますます幸福でありますように祈願《きがん》いたします。それから、担当編集者の四條詠子《しじょうえいこ》さんの努力と能力に感謝します。最後に本書を出版してくださった筑摩《ちくま》書房《しょぼう》には大変お世話になりました。心より感謝いたします。

二〇〇六年八月

アルボムッレ・スマナサーラ

ちくまプリマー新書 048
ブッダ——大人《おとな》になる道《みち》

二〇〇六年十一月十日　初版第一刷発行
二〇一八年 三 月五日　初版第八刷発行

著者　アルボムッレ・スマナサーラ
装幀　クラフト・エヴィング商會
発行者　山野浩一
発行所　株式会社筑摩書房
東京都台東区蔵前二-五-三　〒一一一-八七五五
振替〇〇一六〇-八-四一二三
印刷・製本　株式会社精興社

ISBN978-4-480-68749-4 C0215 Printed in Japan

乱丁・落丁本の場合は、左記宛にご送付ください。
送料小社負担でお取り替えいたします。
ご注文・お問い合わせも左記へお願いします。
〒三三一-八五〇七　さいたま市北区櫛引町二-六〇四
筑摩書房サービスセンター　電話〇四八-六五一-〇〇五三